D1926231

FALKEN BÜCHEREI

Dr. med. vet.
Eva Maria Bartenschlager

Die Tiersprechstunde

Richtige Hundeernährung

FALKEN VERLAG

In der Reihe »Die Tiersprechstunde« sind bisher erschienen:
»Tiere im Wassergarten« (Nr. 0808),
»Alles über Meerschweinchen« (Nr. 0809),
»Alles über Igel in Natur und Haus« (Nr. 0810),
»Junge Katzen« (Nr. 0862),
»Alles über junge Hunde« (Nr. 0863),
»Sittiche und kleine Papageien« (Nr. 0864).

Die Buchreihe »Die Tiersprechstunde« entsteht in Zusammenarbeit zwischen dem Falken-Verlag und der TR Verlagsunion.

Für die Beratung bei speziellen Ernährungsfragen sowie die Durchsicht des Manuskripts bin ich Herrn **Prof. Dr. med. vet. Jürgen Gropp,** physiologisches Institut der tierärztlichen Fakultät der Universität München, zu Dank verpflichtet.

CIP-Titelaufnahme der Deutschen Bibliothek

Bartenschlager, Eva Maria:
Richtige Hundeernährung / Eva Maria Bartenschlager. [Zeichn.: Heinrich Walderdorff]. – Niedernhausen/Ts.: Falken-Verlag, 1988.
(Die Tiersprechstunde / Eva Maria Bartenschlager)
(Falken-Bücherei)
ISBN 3-8068-0811-2

ISBN 3 8068 0811 2

Titelbild: Reinhard Tierfoto, Heiligkreuzsteinach-Eiterbach
Bildquellenverzeichnis: Horst Bielfeld, Jameln: 8, 15, 17, 33, 43, 64, Vignette; Dr. Jesse, Köln: 26, 34 r., 36, 67; Ingeborg Polaschek, Linsengericht-Altenhaßlau: 19, 20, 21, 23, 25, 27, 30, 31, 38, 41, 42, 45, 48, 51, 58, 60, 72; Reinhard Tierfoto, Heiligkreuzsteinach-Eiterbach: 1, 2, 3, 6, 9, 10, 11, 12, 13, 14, 16, 28, 32, 34 l., 40, 41, 47, 53, 71.
Zeichnungen: Heinrich Walderdorff, Finsingen bei München; Ute Kuhn, München (S. 49).

Satz: LibroSatz, Kriftel bei Frankfurt
Druck: Zumbrink Druck GmbH, Bad Salzuflen

817 2635 4453 6271

Inhalt

Gesundheit geht durch den Magen 6
Ein Blick zurück 7
Das Erbe der Vorfahren 8
Richtlinien für eine gesunde Ernährung 9
Notwendige Futterbestandteile 11
Wasser ist das einzig Wahre 15
Die häufigsten Fütterungsfehler 16

Hundeernährung heute 17
Gesund ist, was dem Hund schmeckt? 18
Fertignahrung 18
Dosenfutter 19
Trockenfutter 20
Diät-Fertigfutter 21
Selbstgemachte Hundenahrung 22
Fleisch 22
Innereien 23
Fisch 24
Fette 25
Eier und Milchprodukte 25
Obst, Gemüse und Getreideprodukte 26
Der heißgeliebte Knochen 28
Vitaminpräparate 29
Leckereien 30

Weniger ist manchmal mehr 32
Kugelrund ist nicht gesund 33
Der Energiebedarf eines ausgewachsenen Hundes 34
Futternäpfe 36
Die Ernährung eines gesunden, erwachsenen Hundes 37
Rezeptbeispiele 39
Ein Spezialfall: der Leistungshund 40
Rezeptbeispiele 42
Trächtige und säugende Hündinnen 42
Rezeptbeispiele 44
Die Ernährung junger Hunde 45
Rezeptbeispiele 46
Verwaiste Welpen 48
Die Ernährung des alternden Hundes 50
Rezeptbeispiele 52

Die Ernährung im Krankheitsfall 53
Wechselwirkung von Ernährung und Krankheiten 54
Hilfen zum Füttern im Krankheitsfall 56
Eingabe von Tabletten und flüssigen Medikamenten 56
Der übergewichtige Hund 58
Diätvorschläge 59
Vorübergehende Magen- und Darmstörungen 60
Durchfall 60
Diätvorschläge 61
Verstopfung 62
Erbrechen 62
Der nierenkranke Hund 63
Diätvorschläge 65
Nieren- und Harnsteine 65
Der leberkranke Hund 66
Diätvorschläge 68
Der zuckerkranke Hund 68
Diätvorschläge 69
Erkrankung der Bauchspeicheldrüse 70
Schonkost bei Herzleiden 70
Diätvorschläge 72
Futtermittelallergien 73

Kalorien- und Jouletabellen 74
Register 79

Gesundheit geht durch den Magen

Ein Blick zurück

So unglaublich es uns auch angesichts der Vielfalt der einzelnen Hunderassen erscheinen mag: der Urvater all unserer Hunde ist der Wolf.
Und so verschieden die einzelnen Hunderassen rein äußerlich von ihren wölfischen Vorfahren sein mögen, es steckt doch noch ein Anteil Wolf in ihnen. Das zeigt sich nicht nur in vielen Verhaltensweisen, sondern hat auch seine Auswirkungen auf eine artgerechte Ernährung.
Wölfe jagen in Rudeln, und haben sie ein Stück erlegt, stürzen sie sich nicht sofort auf das Filet, sondern auf die, zumindest in unseren Augen, minderen Teile wie Eingeweide und Innereien. Wölfe und somit auch Hunde sind zwar überwiegend Fleischfresser, aber betrachtet man die Freßgewohnheiten der Wölfe genauer, so kann man sehr schnell feststellen, daß die Nahrung sich aus verschiedenen Komponenten zusammensetzt.
Neben Eiweiß braucht ein Wolf namlich noch andere Nährstoffe wie Kohlenhydrate. Die lebensnotwendigen Mineralstoffe und Spurenelemente nimmt er durch den Verzehr von Innereien wie etwa Leber, Nieren, Herz auf. Auch der Darm samt halbverdautem Inhalt wird nicht verschmäht. Außerdem ist das Blut der Beutetiere ernährungsphysiologisch von Bedeutung. Nicht zu vergessen sind die Knochen, über die er den Hauptanteil seines Kalziumbedarfs deckt.
Die für seinen Stoffwechsel lebensnotwendigen Fettsäuren bekommt er durch den Verzehr der Körperfette seiner Beute. Auch Ballaststoffe fehlen auf seinem Speisezettel nicht, denn pflanzliche Stoffe, wie sie sich im Pansen von Beutetieren finden, werden gierig aufgenommen.
In argen Notzeiten nimmt der Wolf auch dann und wann mit Würmern und Insekten vorlieb, er ernährt sich dann sogar manches Mal gezwungenermaßen vegetarisch, und man kann ihn beobachten, wie er nach Wurzeln scharrt, Gräser abfrißt oder einmal auf ein paar Blättern herumkaut. Auch das Kotfressen kommt hin und wieder vor, meist um einen Mangel an bestimmten Stoffen auszugleichen. Die Ernährung des Fleischfressers Wolf besteht also gar nicht nur aus Fleisch und schon gar nicht aus Filetsteaks, und dieser Tatsache sollten wir auch bei der Ernährung seiner Abkömmlinge, unserer Haushunde, Rechnung tragen.

Alle unsere Haushunde stammen vom Wolf ab.

Das Erbe der Vorfahren

Natürlich sind die Lebensumstände unserer heutigen Haus- oder gar Schoßhunde mit denen ihrer wilden Vorfahren, der Wölfe, nicht zu vergleichen, aber an vielen Verhaltensweisen und besonders an den Freßgewohnheiten erkennt man noch die Verwandtschaft.

Zwar müssen die wenigsten Hunde ihre Beute in oft stundenlanger Hatz verfolgen, geblieben ist aber das starke Bewegungsbedürfnis des Hundes. Und auch den Kampf mit den anderen Mitgliedern des Rudels um den besten Brocken der Beute kennen die meisten Hunde nicht mehr. Trotzdem zeigen sie noch heute Reste dieses Verhaltens, das sich vor allen Dingen als ausgeprägter Futterneid (versuchen Sie mal, Ihrem Hund seinen Knochen wegzunehmen) äußert. Viele Hunde haben auch die wölfische Verhaltensweise beibehalten, das Futter möglichst schnell zu verschlingen, damit kein anderer es ihnen streitig machen kann.

Da Wölfe meist nicht jeden Tag Beute machen, haben sie die Fähigkeit entwikkelt, »auf Vorrat zu fressen«. So ein Wolfsmagen hat ein erstaunliches Fassungsvermögen. Auch dieses Verhalten kann man

Schäferhunde sehen noch heute ihren wölfischen Vorfahren sehr ähnlich.

oft bei unseren Haushunden noch beobachten, auch wenn sie nicht wie Wölfe nach einem reichlichen Mahl oft tagelang hungern müssen.
Gerade dieser Instinkt macht bei der Haltung eines Haushundes oft Probleme, da man sich nicht darauf verlassen kann, daß das Tier nur frißt, bis es satt ist. Läßt man Hunde ihre Futtermenge selbst bestimmen, tun sie des Guten meist zuviel und werden dick. Hier hilft nur eine Rationierung der Futtermenge durch den Besitzer.

Richtlinien für eine gesunde Ernährung

Wie jedes Lebewesen benötigt auch der Hund eine ausgewogene Ernährung, um gesund und lebhaft zu bleiben. Dank neuerer wissenschaftlicher Untersuchungen wissen wir heute ziemlich genau, welche Ernährung ein Hund in den verschiedenen Lebensstadien braucht. Vierbeiner, die Aufgaben erfüllen, wie Dienst- und Gebrauchshunde, müssen anders ernährt werden als ein Heimtier. Eine trächtige oder säugende Hündin ist auf besonders reichhaltige Nahrung angewiesen, um bei Kräften zu bleiben.
Voraussetzung für eine artgerechte Ernährung ist also, daß man den Bedarf seines Tieres kennt. Auch unter Hunden gibt es gute und schlechte Futterverwerter. Jeder Vierbeiner hat seinen ganz individuellen Bedarf an Nahrung. Der richtige Speisezettel besteht für ihn aus der Kombination zahlreicher Rohstoffe, die in der richtigen Menge und im richtigen Verhältnis zueinander angeboten werden müssen. Denn kein Rohmaterial allein enthält alles, was der Hund zum Leben braucht. Wie wir wissen, wird zur Bildung und Aufrechterhaltung der Funktionen von Zellen, Geweben und Organen Energie verbraucht. Das ist beim Menschen nicht anders als bei seinem treuen Begleiter, dem Hund. Nur wenn genügend Energie vorhanden ist, kann der gesamte Organismus normal und ohne Ausfallerscheinungen arbeiten. Nerven, Muskeln, Drüsen, Bindegewebe sind auf eine ausreichende

Salukis zählen zu den Windhunden, die alle einen sehr schlanken Körperbau und lange Beine haben.

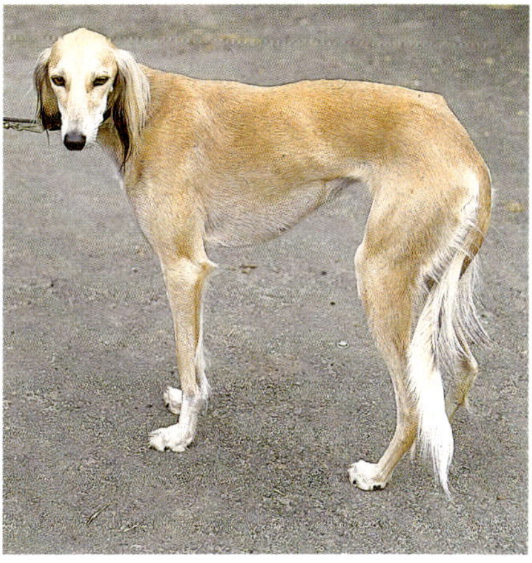

Spaniels sind sehr beliebte Haushunde. Allerdings setzen sie leicht Fett an, so daß man Vertreter dieser Rasse besonders bewußt ernähren muß.

Energiezufuhr angewiesen; auch Um- und Neubildung von Gewebe und die Konstanthaltung der Körpertemperatur hängen von ihr ab.
Maßeinheit der Energie war früher die Kilokalorie (kcal = 1000 cal). Heute wird das Joule oder Kilojoule dafür verwandt (1 kJ = 1000 J). Eine Kalorie sind 4,186 Joule. Beides sind physikalische Meßwerte, die den Brennwert der einzelnen Nahrungsmittel ausdrücken. Den Brennwert oder Bruttoenergiegehalt von Lebensmittel kann man genau berechnen. Bei der Berechnung des Energiebedarfs – also der Futtermenge – muß man jedoch einkalkulieren, was unverdaut, das heißt ohne in Energie umgewandelt worden zu sein, wieder ausgeschieden wird. Dieser Verlust kann je nach Verdaulichkeit des Nahrungsmittels ziemlich hoch sein. So ist zum Beispiel Gemüse für einen Hund gering, Fleisch dagegen hoch verdaulich. Das bedeutet, daß ein großer Teil der Bruttoenergie von Gemüse ungenutzt wieder ausgeschieden, Fleisch aber zum größten Teil in Energie umgewandelt werden kann.
Um den Kilokalorienbedarf eines Hundes auszurechnen, gibt es übrigens eine spezielle Formel:
Gewicht des Hundes in $kg^{0,75} \times 120$ oder 140.
Zum Berechnen brauchen Sie nur einen Taschenrechner mit einer X^y-Taste. Ausgangsbasis ist immer das Körpergewicht des Hundes in Kilogramm. Nehmen wir an, ein Hund wiegt 20 kg. Sie drücken die Zahl 20 in den Rechner, drücken dann die Taste »X^y« und anschließend geben Sie den Exponenten (Konstante!) 0,75 ein. Durch Betätigung der Gleichheitstaste (=) erhalten Sie dann das Ergebnis, in diesem Fall 9,45 (für Fachleute: das ist das metabolische Körpergewicht oder Stoffwechselgewicht des Hundes).
Um nun auf den Kalorienbedarf zu kommen, muß dieses Ergebnis mit einer weiteren Konstante multipliziert werden.
Bei jungen Hunden, Hunden, die viel Bewegung haben und Tieren mit dünnem Fell beträgt diese Konstante 140;
bei älteren Hunden, Hunden, die wenig Bewegung haben und Tieren mit einem dichten Fell 120.

Beispiel 1 (Hund mit viel Bewegung):
$20^{0,75} = 9,45 \times 140 = 1323$ kcal pro Tag.

Beispiel 2 (Hund mit wenig Bewegung):
$20^{0,75} = 9{,}45 \times 120 = 1170$ kcal pro Tag.

Das ist die Energiezufuhr, die der Hund täglich etwa braucht. Bei dieser Kalorienmenge sollte Ihr Hund weder zu- noch abnehmen. Tut er das trotzdem, müssen Sie die Futterrationen kürzen oder vergrößern, bis dieser »Idealzustand« erreicht ist. Diese Formel kann Ihnen aber auf jeden Fall einen Richtwert liefern.

Notwendige Futterbestandteile

Welche Nährstoffgruppen sind die wichtigsten Energielieferanten für einen Hund? An erster Stelle steht Eiweiß, und zwar hochwertiges tierisches Eiweiß. Es ist in Muskelfleisch, Innereien, Eiern und Milchprodukten vorhanden. Es folgen Fette, zum Beispiel Talg, Schmalz, Pflanzenöl, sowie die Kohlenhydrate wie verschiedene Zucker, Stärke aus Getreide, Kartoffeln, Reis oder Nudeln. Fett liefert ungefähr doppelt soviel Energie wie Kohlenhydrate und Eiweiß. Obgleich die »Energieträger« Fett, Kohlenhydrate und Eiweiß austauschbar sind, sollten sie doch in ausgewogenem Verhältnis zueinander in der Nahrung vorhanden sein, da sie außer ihrer Aufgabe als Energielieferant noch andere Funktionen erfüllen.
Für eine ausgewogene Futtermischung für Hunde gilt daher folgende Faustregel: mindestens 22 Prozent Eiweiß, mindestens 5 Prozent Fett und maximal 50 Prozent Kohlenhydrate.
Diese Angaben beziehen sich auf die Futtertrockensubstanz, das heißt die

Bobtails haben ein dichtes, wuscheliges Fell und verbrauchen deshalb nicht soviel Energie wie Hunde mit einem dünnen Fell.

Feuchtigkeit, die in den jeweiligen Nahrungsmitteln enthalten ist, wurde »hinausgerechnet«.
Wie schon gesagt, ist der Energiebedarf des Hundes keine feste Größe. Er ist abhängig vom Alter, den Haltungsbedingungen, dem Gesundheitszustand, den körperlichen Leistungen, der Witterung, vom Temperament und natürlich vom Körpergewicht. Aber eines ist wichtig zu wissen, nämlich daß kleinere Hunde wesentlich mehr Energie verbrauchen als große, und zwar bezogen auf ein Kilo des vorher besprochenen Stoffwechselgewichts.
Der Hund braucht aber noch mehr zum Leben als nur Energie. Die Nahrung muß

Stoffe enthalten, die die auch beim ausgewachsenen Tier ständig ablaufenden Synthese- und Umbauprozesse ausgleichen. Dafür ist Eiweiß unerläßlich. Es ist die Bausubstanz für alle Körpergewebe. Schon ein geringer Mangel an Eiweiß führt zu einem Verlust an Körpersubstanz und damit Einbußen in der Leistungsfähigkeit (vor allem bei trächtigen und säugenden Hündinnen), erhöhter Anfälligkeit für Krankheiten, vorzeitigem Altern, gestörtem Haarwechsel und verminderter Lebhaftigkeit.

Auch hier gilt – wie bei der Energieversorgung –, daß dem Tier nur der verdauliche Eiweißanteil zugute kommt, weil ein gewisser Prozentsatz ungenutzt mit dem Kot ausgeschieden wird. Außerdem kommt es bei der Eiweißzufuhr auch noch auf die Art des Eiweißes an. Bekanntlich setzt sich Eiweiß aus einer Reihe von unterschiedlichen Bausteinen, den Aminosäuren, zusammen. Der relative Anteil der verschiedenen Aminosäuren in jedem Eiweißmolekül, das sogenannte Aminosäuremuster, ist für jedes Eiweiß charakteristisch und entscheidet über seine sogenannte Wertigkeit. So besteht ein Unterschied zwischen Eigelb und Eiklar, Muskeln, Bindegewebe und Sehnen, Reis, Kartoffeln und Getreide, um nur einige Beispiele zu nennen. Nicht zum Körperaufbau verwendete Aminosäuren müssen durch einen speziellen Stoffwechselmechanismus um- und abgebaut werden. Dabei wird die Aminogruppe in Harnstoff überführt und dieser über die Nieren ausgeschieden.

Ein weiterer wichtiger Bestandteil einer gesunden Hundeernährung sind die

Yorkshireterrier gehören zu den kleinsten Hunderassen. Sie benötigen im Verhältnis zu ihrem Körpergewicht mehr Energie als große Hunde.

Fette. Welche Aufgaben haben nun die Fette bei der ausgewogenen Ernährung des Hundes, außer der als Energiespender? Als Fette, Neutralfette oder Triglyceride bezeichnet man den chemischen Verbund von drei Fettsäuren mit einem Molekül Glycerin. Es gibt eine Reihe unterschiedlicher Fettsäuren. Ihr mengenmäßiges Verhältnis zueinander ist charakteristisch für die jeweilige Fettart wie Rindertalg, Schweinefett, Sonnenblumenöl. Wichtig für den Stoffwechsel des Hundes sind insbesondere die Linolsäure und die Arachidonsäure. Fehlen sie oder sind sie in zu geringer Menge im Futter enthalten, so macht sich das in Form von

zu geringem Wachstum, Haut- und Haarkrankheiten bemerkbar.
Eine ausreichende Fettversorgung ist auch notwendig für die Versorgung mit den wichtigen fettlöslichen Vitaminen. Wie der Mensch benötigt auch der Hund Vitamine und Mineralstoffe. Als Vitamine bezeichnet man organische Nährstoffe, die der Hund nicht – oder nur in ungenügenden Mengen – selbst aufbauen kann. Sie sind aber lebensnotwendig für das Tier und müssen deshalb mit der Nahrung aufgenommen werden.
Wir unterscheiden die sogenannten fettlöslichen Vitamine A, D, E und K und die wasserlöslichen, zum Beispiel den Vitamin B-Komplex, Biotin und Vitamin C (Askorbinsäure), das vom Hund selbst gebildet werden kann. Die fettlöslichen Vitamine können in bestimmten Organen (besonders der Leber) in gewissem Umfang gespeichert werden, während ein Überschuß an den meisten wasserlöslichen Vitaminen teilweise ausgeschieden wird.
Vitamin A, das sogenannte Epithelschutzvitamin, sorgt für die Gesunderhaltung von Haut und Schleimhäuten. Es schützt vor Infektionen und Augenkrankheiten wie Nachtblindheit. Vitamin D steuert den Umsatz der Mineralstoffe Kalzium und Phosphor. Es spielt deshalb eine große Rolle beim Knochenaufbau, ein Zuviel davon ist aber schädlich!
Die wasserlöslichen Vitamine sorgen für einen ungestörten Ablauf des Stoffwechsels. Sie sind wichtig für Nervensystem, Muskeltätigkeit, Ausbildung von Haut

So einen schlanken Langhaardackel sieht man leider selten, da viele Hundebesitzer ihre Tiere aus falsch verstandener Tierliebe überfüttern.

und Haarkleid sowie die Blutbildung, um nur einiges zu nennen. Im Lebertran sind alle für den Hund wichtigen Vitamine enthalten.

Die richtige Einschätzung des genauen Vitaminbedarfs eines Hundes ist sehr kompliziert. Meist geht man hier von in der Praxis bewährten Werten aus. Aber die Vitaminwerte der Nährstoffe sind nicht konstant, es kommt zum Beispiel sehr auf das Alter und die Art der Lagerung der Lebensmittel an. Außerdem gehen beim Kochprozeß unterschiedlich viele Vitamine verloren, je nachdem, wie lange man das Futter auf dem Feuer läßt und um welche Vitamine es sich handelt. Eine unbeschränkte Gabe von Vitaminen – etwa in Form von Lebertran – ist auch nicht zu empfehlen, da eine Überdosierung vor allem der Vitamine A und D nicht gut für den Hund ist.

Neben den sogenannten organischen Verbindungen benötigt der Hund auch anorganische Stoffe, die Mineralien. Je nach Bedarf und Gehalt teilt man sie in Mengen- und Spurenelemente ein. Die physiologischen Aufgaben der Mineralstoffe sind vielfältig. Kalzium, Phosphor und Magnesium sind zum Beispiel unerläßlich für den Aufbau von Knochen und

Gesunde, richtig ernährte Boxer sind wahre Energiebündel.

Zähnen. Außer diesen strukturellen Aufgaben haben Mineralien auch eine funktionelle Bedeutung wie die Regulierung des Ionengleichgewichts und osmotischen Drucks. Außerdem sind sie auch für das Reizleitungssystem und für die Funktion der Nerven und Muskeln wichtig.
Auch der Bedarf an Mengen- und Spurenelementen hängt von der Lebenssituation des Tieres ab. Wachsende Hunde oder säugende Hündinnen brauchen natürlich mehr Mineralien als ausgewachsene. Kalzium und Phosphor spielen bei einer richtigen Hundeernährung eine besonders wichtige Rolle. Diese Mineralstoffe sind für das wachsende wie ausgewachsene Tier lebensnotwendig, weil der Aufbau und die Funktion der Knochen und Gelenke davon abhängen. Der Bedarf ist infolgedessen groß. Aus dem Anteil beider Mineralstoffe im Hundeorganismus errechnet man als ausgewogene Futtermischung ein Verhältnis von etwa 1,2 : 1 – also geringfügig mehr Kalzium als Phosphor. Das Fehlen wichtiger Spurenelemente kann ernste Folgen für den Hund haben. So hat eine Unterversorgung mit Eisen eine Anämie (Blutarmut) zur Folge, bei Zinkmangel leiden Haut und Fell, und Jodmangel kann zur Kropfbildung führen, weshalb man auch für Hunde jodiertes Speisesalz verwenden sollte.

Wasser ist das einzig Wahre

Zur gesunden Hundeernährung gehört ständig frisches Wasser – soviel der Hund mag – von einwandfreier Qualität. Alle Funktionsabläufe im Organismus sind an

Ein erwachsener Hund sollte nur Wasser zu trinken bekommen. Wichtig ist, daß das Wasser immer frisch ist und der Hund soviel trinken kann, wie er möchte.

chemische Reaktionen gebunden, die ohne Flüssigkeit nicht zustandekommen. Genaue Angaben über den Wasserbedarf kann man nicht machen, weil das Tier unter besonderen Bedingungen, zum Beispiel im Hochsommer, ein Mehrfaches der normalen Wassermenge braucht, vor allem zur Regulierung der Körpertemperatur. Auch der Wassergehalt des Futters spielt hier eine Rolle. Bei Verfütterung von Trockenfutter ist der Wasserbedarf natürlich höher als bei der Verwendung von Feuchtfutter, da dem Trockenfutter der größte Teil der natürlichen Feuchtigkeit entzogen wurde.
Wasser sollte nie zu kalt angeboten (Zimmertemperatur) und mehrmals am Tag gewechselt werden.

Die häufigsten Fütterungsfehler

Die meisten Hundebesitzer leben in dem Glauben, daß Hunde reine Fleischfresser sind und deshalb am besten nur von Steaks leben sollten. Das ist aber – wie eingangs erklärt – nicht richtig, sondern würde auf Dauer zu einer Mangelernährung des Hundes führen. Genauso wichtig wie Eiweiß sind Kohlenhydrate und auch Ballaststoffe. Eine gesunde Hundenahrung muß also neben Fleisch (oder anderen Eiweißträgern) immer noch andere Zutaten enthalten. Das haben sowohl die Hersteller von Fertignahrung wie auch wir in unseren Rezepten berücksichtigt.

Viele Ansichten über Hundeernährung stammen noch aus der Zeit, als die meisten Hunde als Wachhunde gehalten wurden.

Ein zweiter häufig gemachter Fehler ist, den Hund nur einmal am Tag zu füttern. Diese Sitte kommt vermutlich noch aus der Zeit, als Hunde überwiegend Wachhunde waren. Sie bekamen nur morgens etwas zu fressen, damit sie nachts hungrig und – wie ihre Besitzer annahmen – deshalb auch wachsamer waren. Auch das ist heute überholt. Gesünder und besser für den erwachsenen Hund sind zwei Mahlzeiten am Tag.

Auch der früher häufig propagierte Fastentag pro Woche gehört zu den überholten Fütterungsregeln. Auch für uns wäre es wenig angenehm, wenn wir plötzlich einen Tag in der Woche hungern müßten, und der Hund weiß ja nicht, was das soll, und fühlt sich nur bestraft.

Die Vorstellung, daß Hunde nur völlig kochsalzfreie Nahrung vertragen, ist inzwischen ebenfalls überholt. Dem Hundeorganismus bekommt es sogar, wenn er einmal eine Prise Salz von außen zugeführt bekommt, man darf es nur nicht übertreiben.

Dann gibt es noch eine Reihe von Fütterungsregeln, die eher dem Bereich des Aberglaubens zugeordnet werden müssen. Dazu gehört zum Beispiel, daß Hunde durch den Genuß von rohem Fleisch scharf oder gar falsch werden.

Schon in den Bereich der Tierquälerei gehört der Aberglaube, junge Hunde, denen man regelmäßig Schnaps gibt, blieben klein. Das ist nicht nur Unsinn, sondern vom Tierschutzgesetz auch verboten.

Hundeernährung heute

Gesund ist, was dem Hund schmeckt?

Zu einer ausgewogenen Ernährung, die allen Bedürfnissen und Lebensumständen des Hundes gerecht wird, gehört auch, daß es dem Tier schmeckt. Wenn es jedoch etwas besonders gern mag, sollte man das nicht überbewerten. Das schmackhafteste ist nicht immer das gesündeste Futter. Und die Gesundheit geht vor. Kluge Hundehalter werden deshalb ihr Tier nicht verwöhnen, sondern ihm das geben, was es braucht. Auch hier gibt es eine Parallele zur gesunden Ernährung des Menschen: Ist eine Diät notwendig, zum Beispiel bei Erkrankung oder Überernährung, so ist sie für Hunde meist so wenig reizvoll wie für Menschen.

Es versteht sich von selbst, daß das Futter hygienisch einwandfrei sein muß, ohne Schimmel und Keime. Auch der Freßnapf muß regelmäßig gereinigt werden. Da insbesondere tierische Produkte leicht verderblich sind und Krankheitserreger oder Parasiten enthalten könnten, sollte man Fleisch sowie Innereien besser kochen. Vor der Verfütterung von rohem Schweinefleisch sei ausdrücklich gewarnt, denn in ihm kann ein Virus sein, das die Aujeszkysche Krankheit auslöst. Für den Hund verläuft diese Krankheit tödlich, der Mensch ist dadurch nicht gefährdet.

Das Futter muß aufgrund seiner Zusammenstellung und Zubereitung gut verträglich sein. Ob es dem Hund bekommt, sieht man an seiner Ausscheidung: Ein geformter, nicht übelriechender Kot ist ein Zeichen für gute Verträglichkeit der Nahrung. Auf schlechte Verträglichkeit weisen ungeformter Kot, häufiger Kotabsatz, Blähungen oder Durchfall hin.

Welche Futtersorten und Futtermittel es für Hunde gibt, wird im folgenden Abschnitt vorgestellt.

Fertignahrung

Fertigfutter wird sowohl als Vollnahrung – also mit allen notwendigen Nähr- und Aufbaustoffen versehen – wie auch als Ergänzungsfutter angeboten. Ergänzungsfutter ist – wie der Name schon sagt – nur eine Beigabe, die durch andere Futtermittel ergänzt werden muß.

So kann man zum Beispiel Frischfleisch mit Getreide- oder Gemüseflocken mischen, die dann die nötigen pflanzlichen Bestandteile der Nahrung liefern, denn Fleisch allein sollte nie verfüttert werden. Achten Sie also beim Kauf von Fertignahrung auf das Etikett, auf dem abzulesen ist, ob es sich um ein Voll- oder Ergänzungsfutter handelt.

Fertignahrungsmittel bestehen aus tierischen (Fleisch, Fleischabfälle, Innereien, Milchprodukte) sowie pflanzlichen Produkten wie Kartoffeln, Reis, Haferflocken.

Fertignahrung unterliegt strengen gesetzlichen Bestimmungen. Jahrzehntelange Erfahrung und Erkenntnisse der neuesten Forschung auf diesem Sektor werden bei der Herstellung von Hundefutter berücksichtigt.

Dosenfutter

Dosenfutter als Vollnahrung enthält alle Nähr- und Aufbaustoffe. Sie besteht aus einer Mischung von Fleisch wie Muskelfleisch, Pansen, Herz, Leber und Lunge und Abfällen aus der Lebensmittelproduktion sowie teilweise pflanzlichem Eiweiß und Getreide wie Reis, Gerste, Hafer, Weizen oder Mais sowie den lebensnotwendigen Vitaminen und Mineralien. Da der Hund als Beutetierfresser auch Kohlenhydrate verwerten kann, stellt die Industrie zwei Arten von Dosenvollnahrung her. Eine Vollnahrung, der schon Kohlenhydrate beigemischt sind, und ein Ergänzungsfutter, das vorwiegend aus Fleisch beziehungsweise eiweißhaltigen Rohmaterialien besteht. Dieser letzte Typ muß noch bis zu einem Drittel mit Vollkornflocken, gekochtem Reis oder gekochten Kartoffeln gemischt werden. Diese beiden Arten von Dosennahrung enthalten alle lebensnotwendigen Vitamine, Mineralstoffe und Spurenelemente im ausgewogenen Verhältnis.
Achten Sie beim Einkauf von Dosenfutter auf das Herstellungs- beziehungsweise das Verfallsdatum! Auch die teuerste Dose hat nicht mehr die Vitamine, die der Hersteller angibt, wenn das Haltbarkeitsdatum abgelaufen ist. Alle so besonders

Dosenfutter gibt es in verschiedenen Geschmacksrichtungen. Achten Sie beim Einkauf darauf, ob es sich um Vollnahrung, in der alle Nahrungsbestandteile enthalten sind, oder um Ergänzungsfutter, das noch mit Kohlenhydraten vermischt werden muß, handelt.

günstigen Sonderangebote sollte man daraufhin einmal prüfen! Auch der Wasseranteil der Futtermasse spielt eine Rolle. Dosenfutter hat in der Regel einen Wasseranteil von 70–80% – das entspricht den Werten für schieres Muskelfleisch. Genaue Angaben über den Inhalt jeder Dose finden Sie auf dem Etikett.
Dosen, die im Kühlschrank aufbewahrt werden, sollten vor dem Verfüttern immer einige Zeit bei Zimmertemperatur in der Küche stehen, oder aber der Inhalt der Dose muß warmgemacht werden, denn zu kalte Nahrung bekommt dem Hund nicht, er kann erbrechen oder Durchfall bekommen.

Trockenfutter

Bei Trockenfutter unterscheidet man zwischen Halbfeuchtfutter, Halbtrockenfutter und Trockenfutter, je nachdem, wie hoch der Wasseranteil ist.
Die Zusammensetzung von Halbfeucht-, Halbtrocken- und Trockennahrung gleicht im Prinzip der der Dosennahrung. Der wesentliche Unterschied besteht darin, daß diesen Produkten die natürliche Feuchtigkeit bis auf etwa 25–10 Prozent entzogen worden ist und sie deshalb – bezogen auf das Gewicht – besonders energiehaltig sind.
Der Bedarf an Flüssigkeit muß bei der Gabe von Trockenfutter durch Trinkwasser gedeckt werden. Darum: Stets ausreichend frisches Wasser zur Verfügung stellen!
Trockenfutter gibt es in den verschiedensten Formen und als Vollwert- und Ergänzungsfutter. Das Angebot reicht von kleinen Pellets bis hin zu getrockneten Ringen, getrocknetem Gemüse und Flocken mit getrockneten Fleischbröckchen. Trokkenfutter falsch – also zu reichlich – zu dosieren ist gefährlich – zumindest, was die Figur des Hundes anbelangt. Oft deckt die Menge von Trockenfutter, die man seinem Liebling als Belohnung gibt, gleichzeitig völlig seinen Tagesenergiebedarf. Jede zusätzliche Mahlzeit belastet dann natürlich die Linie.

Trockenfutter wie diese Hundeflocken gibt es als Vollwert- oder Ergänzungsfutter. Hundeflocken sollten eigentlich immer in Wasser eingeweicht werden.

Die meisten Hunde fressen diese Art von Trockenfutter mit Begeisterung. Aber geben Sie nicht zu viel davon, da Trockenfutter viel Kalorien hat.

100 Gramm Trockenfutter enthalten zum Beispiel etwa 380 kcal oder 1600 kJ verdauliche Energie.

Diät-Fertigfutter

Auch für Hunde, die eine spezielle Diät brauchen, bieten die Futtermittelhersteller mittlerweile Fertignahrung an.
Diätfutter für ältere Hunde berücksichtigt neben anderen Kriterien den geringeren Energie- und gleichzeitig höheren Eiweißbedarf. Sogenannte Abmagerungsdiäten für übergewichtige Hunde weisen eine geringe Nährstoffverdaulichkeit auf (unter anderem durch einen höheren Gehalt an Ballaststoffen). Der Hintergrund der Überlegung ist, daß trotz unverminderter Futteraufnahmemenge die tatsächlich aufgenommene Energiemenge geringer ist als der Bedarf. Alle anderen Nährstoffe, Mineralstoffe und Vitamine sind in bedarfsgerechter Menge enthalten. Da die Überernährung des Hundes leider jedoch oft ein psychologisches Problem ist, weil Herrchen oder Frauchen treuen Hundeaugen nicht widerstehen kann, ist der Erfolg solcher Futtermischungen meistens zweifelhaft, denn ihnen ist eines gemein: natürlich werden sie nicht so gern gefressen wie anderes Futter. Bleibt man aber konsequent und hält sich auch genau an die Vorschriften des Herstellers, kann man nach einiger Zeit den Erfolg auf der Waage ablesen.
Aber auch organisch kranke Hunde kann man mit fertig angemischten Spezialdiäten ernähren. Es gibt zum Beispiel Nierendiäten, und auch der zuckerkranke Hund muß nicht mehr nur per Waage und speziellem Kochbuch ernährt werden. Ebenso hat sich das Angebot an Diät-Fertigfutter für Hunde mit Magen- und Darmstörungen bewährt. Wenn man sich genau an die Anweisungen hält und nicht – inkonsequenterweise – mal da und dort ein Häppchen zusätzlich gibt, sind diese Futtermischungen wirklich eine große Hilfe, um einem kranken Hund eine für die Linderung seiner Beschwerden geeignete Diät zu verabreichen.

Selbstgemachte Hundenahrung

Natürlich können Sie Ihren Hund problemlos mit Fertigfutter ernähren, aber gelegentlich sollte er auch einmal Frischfutter bekommen. Ganz besonders wichtig ist dieses Kapitel für die Hundebesitzer, die ihren Hund nur mit selbstgemachtem Frischfutter ernähren wollen. Dann ist es unbedingt nötig, daß Sie sich ein spezielles Wissen über richtige, gesunde Hundeernährung aneignen, denn einseitige oder falsche Ernährung kann böse Folgen für die Gesundheit Ihres Hundes haben.
Bei unseren erwachsenen Haushunden ist bei der Zubereitung des Futters ein Verhältnis von 1 Teil Fleisch und 2 Teilen pflanzlicher Kost zu empfehlen.
Bei Leistungs- und Junghunden kehrt sich das Verhältnis zugunsten des Fleisches um: 2 Teile Fleisch und 1 Teil pflanzliche Kost. Außerdem ist die gelegentliche Gabe von Vitaminen und Mineralien unerläßlich.
Hin und wieder eine kleine Prise Salz ins Kochwasser oder Futter ist übrigens gut für den Hund, mit Ausnahme natürlich der Hunde, die ein Herzleiden haben (siehe Seite 70).

Fleisch

Ein wichtiger Bestandteil des Frischfutters für Hunde ist das Fleisch. Grundsätzlich kann man zwischen magerem und etwas fetterem Fleisch unterscheiden. Zu den mageren Sorten zählen Pferdefleisch, Wild (besonders Kaninchen) und teilweise Geflügelfleisch wie Pute.
Zu fettreicherem Fleisch gehören Schaf- und Schweinefleisch. Die Frage, ob man Fleisch gekocht oder roh verfüttern soll, läßt sich nicht so einfach pauschal beantworten. Schweinefleisch muß auf alle Fälle gut gar gekocht werden, da das rohe Fleisch einen Virus beherbergen kann, der die sogenannte Aujeszkysche Krankheit auslöst. Hier gibt es keine Heilung!
Auch Geflügel sollte man, besonders wenn es aufgetaut wurde, wegen der Salmonellengefahr (Fleischvergiftung) roh seinem Hund nie verfüttern.
Der Aberglaube, daß Hunde auf rohes Fleisch besonders scharf oder wild werden, ist ein ausgesprochener Unsinn und entbehrt jeder Grundlage.
Wichtig ist, daß das Fleisch einwandfrei ist. Ernährungsphysiologisch gibt es keinen gravierenden Unterschied zwischen gekochtem und rohem Fleisch. Nur bei gekochtem Fleisch geht man sicher, daß etwaige Infektionserreger abgetötet sind.
Hier noch ein paar Tips zur Zubereitung des Fleisches:
Schneiden Sie das rohe Fleisch in grobe Stücke (für kleine Hunde oder Welpen kann man es auch durch den Fleischwolf drehen), und kochen Sie die Stücke in Wasser ohne Gewürze gar. Das dauert – je nach Größe der Fleischbrocken – bis zu einer halben Stunde. Die Brühe, die dabei entsteht, können Sie ebenfalls mit verfüttern.

Innereien

Innereien sind nicht nur meist billiger als Muskelfleisch, sondern enthalten auch viele für den Stoffwechsel des Hundes wichtige Vitamine und Spurenelemente. Besonders wenn der Hund nur mit Frischfutter ernährt wird, sollten deshalb immer mal wieder Innereien auf dem Speisezettel stehen, allerdings wegen der teilweise hohen Schadstoffbelastung dieses Fleisches nicht öfter als einmal pro Woche. *Rindermägen* wie Pansen, Haube, Blätter- und Labmagen bekommen Sie bei Ihrem Metzger auf Nachfrage. Es gibt sie sowohl gewaschen und überbrüht als auch ungewaschen und roh (grün). Sicherheitshalber, um Blähungen zu vermeiden, sollten Sie nur die gekochten Mägen verfüttern, auch wenn Ihr Hund vermutlich den ungewaschenen Pansen bevorzugen würde. Ungewaschene Rindermägen haben zudem einen sehr strengen, für Menschen nicht gerade appetitanregenden Geruch, der dann auch dem Hund, der solchen Pansen frißt, anhaftet. Pansen darf man allerdings nicht als Alleinfutter geben, denn er deckt den Nährstoffbedarf eines Hundes nicht voll.
Ähnlich verhält es sich mit *Därmen*, die man besser zerkleinert und kocht, da dann ihre Verdaulichkeit besser ist.
Euter ist sehr reich an Fett und weist, bedingt durch die Restmilch, einen relativ

Pansen sind Teile von Rindermägen. Für uns Menschen sehen diese Stücke zwar nicht gerade appetitlich aus, aber Hunde schätzen dieses Futter meist sehr. Getrockneter Pansen (rechts) riecht nicht ganz so intensiv wie frischer.

hohen Kalziumanteil auf. Dieser gehaltvolle Eiweißlieferant ist vornehmlich zur Ernährung von Hunden mit erhöhtem Energiebedarf geeignet, natürlich auch nicht als Alleinfutter.
Lunge hat wenig Fett, ist bindegewebsreich und hat zudem relativ wenig Kalorien. Als Alleinfutter ist sie deshalb nicht ausreichend. Als Diät für einige Tage eignet sie sich aber gut, wenn der Hund etwas abspecken soll.
Leber ist zwar ein hochwertiger und kalorienarmer Eiweißlieferant, sollte aber aus den verschiedensten Gründen nicht öfter als einmal pro Woche verfüttert werden. Einmal kann dieses Filterorgan besonders reich an Schadstoffen wie Schwermetallen sein, und zum anderen hat sie einen sehr hohen Anteil an Vitamin A, das von Hunden nur in kleinen Mengen vertragen wird. Auch Leber sollten Sie nur gekocht verfüttern, denn roh hat sie leicht abführende Wirkung. (Schweineleber muß – wie alles Schweinefleisch sowieso – gut gekocht werden!)
Milz ist wie Lunge ein recht kalorienarmer Eiweißlieferant, und eignet sich deshalb besonders als Diätfutter. Allerdings sollte man auch hier wegen der möglichen Schadstoffbelastung des Guten nicht zuviel tun. Roh verfüttert wirkt sie oft abführend, man sollte Milz also auch kochen.
Auch *Nieren* sind, wie Leber, ein hochwertiger und kalorienarmer Eiweißlieferant. Allerdings sollte man sie nicht zu häufig füttern, denn in ihnen – wie auch in Leber und Milz – sammeln sich vermehrt Umweltgifte und Schadstoffe wie Cadmium und Blei an.
Herz dagegen ist zur Hundefütterung gut geeignet. Dieses feste Muskelfleisch hat kaum Fett und ist deshalb auch als Diätfutter zum Abspecken gut. Herz sollte man in der Regel gekocht anbieten. Schweineherzen müssen immer gekocht werden.

Zum Schluß noch ein paar Worte über die sogenannte »biologische Wertigkeit«. Fleisch, Herz, Leber und Nieren haben eine hohe biologische Wertigkeit, Lunge, Milz, Bindegewebe und Sehnen eine sehr niedrige. Wenn man aus diätischen Gründen die Eiweißzufuhr drosseln muß, sollte man sich ganz auf hochwertiges Eiweiß mit hoher biologischer Wertigkeit beschränken.

Fisch

Fisch ist besonders leicht verdaulich und hat einen hohen Eiweißanteil. Am besten verfüttert man Seefische wie Kabeljau, Schellfisch oder Goldbarsch, denn diese Fischsorten enthalten nur wenige Gräten. Auch wenn viele Fachleute der Meinung sind, daß die kleinen, weichen Gräten unserer Süßwasserfische den Hunden nichts anhaben können, meine ich doch, man sollte hier kein Risiko eingehen und diese Fische nicht verfüttern. Fisch gibt man am besten gekocht, das mögen die meisten Hunde sowieso lieber.
Es gibt im Handel auch getrockneten Fisch, der meist für Katzen angeboten wird. Da Katzen kauen und Hunde schlingen und diese Fische meist noch spitze Gräten enthalten, ist er aber nicht unbedingt empfehlenswert.

Kochfisch eignet sich gut als Bestandteil des Hundefutters. Auch Trockenfisch können Sie ihrem Hund geben, wenn er ihn frißt. Allerdings nur in großen Stücken, wie oben auf dem Bild zu sehen, denn an den eigentlich für Katzen bestimmten Fischen (unten) können sie sich leicht verschlucken.

Fette

Will man das Hundefutter noch mit etwas Fett anreichern, so eignen sich Soja-, Sonnenblumen- und Maisol gut. Auch Leinsamen- und Olivenöl sind gut verträglich.
Zudem enthalten alle diese Öle einen hohen Anteil an ungesättigten Fettsäuren, die für Hunde ein wichtiger Bestandteil der Ernährung und außerdem gut für Haut und Fell des Hundes sind. Das machen sich auch viele Züchter zunutze: vor Ausstellungen bekommen die Hunde pflanzliche Öle ins Futter, damit das Fell schön glänzt. Butter und Schweineschmalz sind bei vielen Hunden ebenfalls hoch begehrt. Butter kann aber unter Umständen zu Durchfall führen.

Bei der Gabe von Fetten sollte man immer daran denken: Fette machen, wie der Name schon sagt, fett. Nur Hunde, die einen hohen Energiebedarf, also viel Auslauf und Bewegung haben, sollten zusätzlich Fett bekommen. Für einen normalen Haushund reichen die in den Nahrungsmitteln versteckt enthaltenen Fette vollkommen aus.

Eier und Milchprodukte

Eier, besonders das rohe Eiweiß, werden von vielen Hunden nicht vertragen, und man sollte deshalb vorsichtig damit sein, denn es kann leicht zu Verdauungsschwierigkeiten kommen. Besser ist es, die Eier zu kochen oder nur das Eigelb roh zu verfüttern.
Ist der Hund schlecht bei Appetit, kann man ihn aber oft durch ein Ei wieder zum Fressen animieren.
Milchprodukte enthalten Fett und Eiweiß, Kohlenhydrate, Vitamine und Mineralstoffe und werden von den meisten Hun

Quark und Hüttenkäse bekommen jedem Hund gut.

den sehr gern genommen. Milch allein ist allerdings etwas mit Vorsicht zu betrachten, da sie bei vielen Hunden Durchfall auslöst. Besonders ältere Hunde vertragen Milchzucker nicht mehr. Versuchen Sie es deshalb erst mit einer ganz kleinen Menge, ob Ihr Hund auch Milch vertragen und verarbeiten kann. Besser geeignet sind Quark, Sauermilch, Joghurt und Hüttenkäse. Sie sind nicht nur ein gutes Diätfutter, sondern helfen auch bei der Ausbildung einer gesunden Darmflora, also den Darmbakterien, die für eine gute Verdauung sorgen.
Auch Käse darf man dem Hund ab und zu geben, der Geruchssinn des Hundes ist jedoch so lange blockiert, solange der Käse in den Geschmacks- und Geruchspa-

Auch Eier – ob roh oder gekocht – gehören in Maßen zu einer gesunden Hundeernährung.

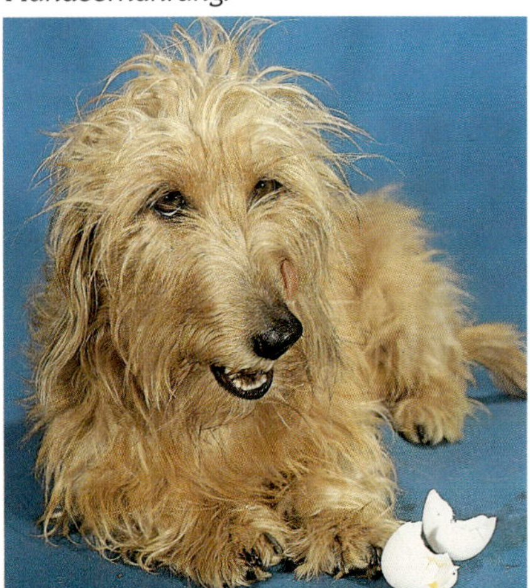

pillen steckt. Nach einigen Stunden sind diese aber wieder frei und der Hund riecht so gut wie je zuvor.
Bei freßunwilligen Hunden ist Käse zudem ein gutes Mittel, den Appetit des Tieres anzuregen.

Obst, Gemüse und Getreideprodukte

Bereits Welpen sollten an die Aufnahme von Obst, Gemüse und Getreideprodukten gewöhnt werden, denn im Alter lernen sie es nicht mehr und gehen höchstens beleidigt von ihrer Futterschüssel fort. Hunde, die aber nur ballaststofffreie Nahrung bekommen, leiden früher oder später an Verdauungsstörungen und dann an Mangelerscheinungen. Zwar mögen die wenigsten Hunde Obst, aber man sollte es ihnen immer mal wieder anbieten, denn es ist sehr gut für das körperliche Wohlbefinden. Obst enthält viele Vitamine und regt zudem auch die Darmtätigkeit an. Bananen enthalten sogar sehr viel Energie, außerdem haben sie auch einen hohen Anteil an Kalium. Obst sollte man dem Hund, wenn er es gerne frißt, nie verweigern!
Auch Gemüse, roh oder gekocht, bekommt den meisten Hunden hervorragend. Der Eiweißgehalt ist zwar gering, aber wenn man einen Hund dazu bringt, etwas Kohl, ein bißchen Spinat, Tomaten oder gar milde Paprika zu fressen, das Ganze mit etwas Petersilie oder Schnittlauch gewürzt, ist das sehr gesund. Die meisten Hunde lehnen dies allerdings strikt ab und verlassen beleidigt den Fut-

terplatz oder suchen sich nur die Fleischstückchen aus dem Napf und lassen das Gemüse liegen. Eigentlich schade. Sie können versuchen, Ihren Hund zu überlisten, indem Sie das Gemüse sehr fein schneiden.
Bohnen sollte man übrigens nie roh, sondern immer gekocht geben, da sie in rohem Zustand giftig sind – auch für Menschen. Karotten sind sowohl in gekochtem als auch in rohem Zustand sehr gesund und werden von den meisten Hunden gerne gefressen. Karotten enthalten Zucker und das wertvolle β-Karotin.
Kartoffeln müssen immer gekocht werden, weil sie roh nicht richtig verdaut werden können. Sie enthalten wasserlösliche Vitamine, besitzen einen hohen Kaliumanteil und einen hohen Gehalt an Stärke.
Getreideprodukte gehören zu den beliebtesten Beigaben zum Hundefutter. Getreide, vermahlen oder in Flockenform, wie wir es uns manchmal zum Frühstück selbst zubereiten, ist auch für den Hund gesund. In Frage kommen Weizen, Gerste, Roggen, Mais (gekocht), Hirse und Hafer. Der Stärkegehalt des Getreides ist relativ hoch, und auch der Anteil an wasserlöslichen Vitaminen und besonders an Vitamin E ist beachtlich. Als Ballaststoff für die Verdauung sollten solche Getreide nie ganz fehlen. Auch im Vollkornbrot findet man dieses grob geschrotete Getreide. Vollkornbrot kann man also ruhig mal verfüttern. (Hafer ist im übrigen energieärmer als Weizen oder Gerste.)
Weizenkleie ist ein hervorragender Ballaststoff. Sie wird besonders gern als Bestandteil von Diätfutter, besonders zur Gewichtsreduktion, eingesetzt.

Möhren, egal ob roh geraspelt, gekocht in Stücken oder püriert, werden von den meisten Hunden ohne Probleme gefressen.

Nudeln darf man zwar dem Hund füttern, aber Vorsicht! Diese Kalorienbomben schaden nicht nur unserer, sondern auch der Linie des Hundes.
Lediglich Zwiebeln und Knoblauch sind ungeeignet als Hundefutter. Zwiebeln, in größeren Mengen verfüttert, können bei Hunden sogar zu Anämie führen. Und Knoblauch hilft nicht gegen Würmer, sondern verhilft dem Hund lediglich zu einer unangenehmen Ausdünstung.

Der heißgeliebte Knochen

Bei der Verfütterung von Knochen muß man sehr vorsichtig sein, auch wenn sie einen hohen Gehalt an Kalzium, Phosphor und Magnesium aufweisen. Splitternde Knochen sind für alle Hunde eine Katastrophe, denn die können zuerst einmal Verletzungen im Maul, dann aber besonders in der Speiseröhre und im Magen und Darm hervorrufen. Nicht selten kann solch ein Knochensplitter diese Organe durchlöchern. Trotz Operation

Hunde mögen zwar Knochen, aber zuviel des Guten führt leicht zu gefährlichen Verstopfungen.

kommt dann jede Hilfe zu spät. Knochen, die besonders leicht splittern und die deshalb nicht gegeben werden dürfen, sind Wild- und Geflügelknochen.
Bei zu harten Knochen kann es mitunter auch zu Zahnbrüchen oder Zahnabsplitterungen kommen. Ein Zuviel an Knochen kann außerdem zu Verdauungsproblemen führen. Die meisten Hunde haben nicht den Auslauf und die Bewegung, die eigentlich notwendig wäre, und so bleiben Knochen natürlich viel länger im Darm als bei ihren wilden Vorfahren. So kommt es leicht zu hartem Kot und beschwerlichem Kotabsatz. Manchmal hat der Kot fast eine zementartige Konsistenz. In anderen Fällen kommt es sogar zu ernstzunehmenden Verstopfungen. Da hilft meist auch kein Leinsamen- oder Paraffinöl mehr. Hier muß der Tierarzt einen Einlauf machen. Ältere Hunde reagieren auf Knochen übrigens besonders häufig mit gefährlichen Verstopfungen, so daß man Hunden ab dem 6. Lebensjahr überhaupt keine Knochen mehr geben sollte! Im Extremfall kann es sogar zu einem Darmverschluß kommen.
Anzeichen sind zuerst fehlender Kotabsatz, obwohl der Hund es versucht, mangelnder Appetit bis hin zum Erbrechen. Dann ist es höchste Zeit, zum Tierarzt zu gehen, denn es besteht Lebensgefahr, hier hilft nur noch eine Notoperation.
Wer glaubt, auf Knochen in der Ernährung seines Hundes nicht verzichten zu können, sollte höchstens weiche Knochen, zum Beispiel Kugelknochen oder die langen Knochen von Kälbern, geben. 30 Gramm Knochen für einen 3–5 kg schweren Hund pro Tag ist voll ausreichend! Junghunden und trächtigen und säugenden Hündinnen sollte man entweder Knorpel wie etwa durch den Fleischwolf gedrehte Luftröhren von Kälbern geben, oder aber man kauft vitaminiertes Zusatz- und Ergänzungsfutter.

Vitaminpräparate

Was für den Menschen gut ist, muß auch gut für den Hund sein. Und so gibt es Vitaminpräparate, Fitneßpillen und Schönheitsdragees für das Fell und für die Kondition in Hülle und Fülle. Grundsätzlich ist dagegen nichts einzuwenden. Solche Präparate sind überhaupt gut gegen Mangelernährung. Auch in Zeiten der Genesung nach einer Krankheit oder großer körperlicher Anstrengungen sollten sie gegeben werden.
Nur auf zwei Dinge muß man achten: Vielfach haben diese Präparate eine sehr nahrhafte und auch für die meisten Hunde sehr schmackhafte »Grundlage«, in die die Vitamine und Mineralstoffe eingearbeitet sind. Bei einer Überdosierung machen diese Präparate also nicht nur dick, sondern sie können auch, in Mengen gegeben, unverträglich sein.
Zum anderen kann auch ein ständiges Zuviel an Vitaminen (auch die sehr vit-

aminreiche Leber kann das bewirken!) und Mineralstoffen für den Körper schädlich sein. Im schlimmsten Fall kann das auf innere Organe oder die Knochen gehen. Ist man über die Zusammensetzung und die richtige Dosierung im unklaren, sollte man am besten den Tierarzt fragen, denn genau wie bei Menschen ist die Faustregel: »Viel hilft viel!« falsch und unter Umständen gesundheitsschädlich.

Leckereien

Mit kleinen Happen zwischendurch, nur weil der Vierbeiner so treuherzig guckt, sollte man sehr vorsichtig sein. Genau wie beim Menschen führt auch bei Hunden das unkontrollierte Naschen zu unerwünschten Fettpolstern, und die meisten Belohnungshappen kommen vom Teller des Besitzers und sind für Hunde ungesund.
Wenn eine Belohnung aber unbedingt sein soll: Es gibt in den Tierhandlungen Hundeleckereien wie Hundekuchen, Hundebiskuits, Hundeschokolade, die man ab und zu als Belohnung geben

Gesünder als Plätzchen und für den Hund bekömmlicher sind spezielle Hundekuchen, die hier in einer Auswahl zu sehen sind.

kann. Das ist immer noch besser als ein Stückchen von der Sahnetorte. Oder, wenn es dann unbedingt etwas vom Tisch des Herrchens sein muß, geben Sie ein Stück Vollkornbrot.

Schokolade, Kekse, Bonbons, Kuchen und andere Süßigkeiten sind zwar bei den meisten Hunden heiß begehrt, aber gesund sind sie sicherlich nicht.

Häufig leiden so belohnte Hunde an Verfettung, manchmal sogar an Mangelkrankheiten, weil sie kaum mehr richtig ernährt werden können, denn der Hund lehnt dann andere Nahrung ab.

Auch die Zähne werden in Mitleidenschaft gezogen. Karies bei Hunden kommt heutzutage leider auch schon vor.

Auch mit Wurst und Wursthäuten sollte man sehr vorsichtig sein, zumal die Haut heutzutage in vielen Fällen aus Kunstdarm besteht, was bei Hunden erhebliche Verdauungsprobleme hervorrufen, ja sogar zum Darmverschluß führen kann. Die Wurst selbst ist häufig zu fett und zu stark gewürzt, enthält kaum Mineralstoffe und Vitamine, so daß man dem Hund wirklich keinen Gefallen tut – ganz im Gegenteil, meist bekommt er nur großen Durst und eventuell sogar Durchfall.

Dasselbe gilt natürlich für alle anderen stark gewürzten Speisen. Nüsse in jeder Form sind ebenfalls nichts für Hunde, denn sie enthalten viel Fett und machen natürlich dick. Es gibt auch Hunde, die Nüsse gar nicht vertragen und mit Erbrechen und/oder Durchfall reagieren.

Wurst, die für den menschlichen Verzehr bestimmt ist, ist für Hunde meist zu fett und zu stark gewürzt und sollte deshalb nicht verfüttert werden.

Weniger ist manchmal mehr

Kugelrund ist nicht gesund

Übergewicht bekommt Hunden genauso wenig wie uns Menschen. Dicke Hunde werden leicht faul und phlegmatisch und bewegen sich auch viel zu wenig. Das hat meist auch eine geringere Lebenserwartung als bei ihren schlanken Kollegen zur Folge. So ist es ratsam, den Energiebedarf seines Hundes genau zu kennen und die Futtermengen immer wieder zu kontrollieren. Hat er an einem Tag viel Auslauf und tollt mit anderen Hunden, ist seine Futterportion natürlich größer als an den Tagen, an denen er nur mal schnell um die vier Ecken geführt wird. Grundsätzlich ist es für den Hund das beste (und für den Herrn auch), wenn er jeden Tag so ausreichend Bewegung erhält, daß er gar nicht erst Fett ansetzt. Das ist die gesündeste und artgerechteste Art und Weise, seinen Hund schlank zu halten. Trotzdem sollte jeder Hundebesitzer das Gewicht und die Figur seines Hundes regelmäßig kontrollieren.

Oft weiß der Besitzer allerdings nicht, wann es Zeit ist, die Futterrationen zu kürzen, denn ein dicker Bauch allein ist noch kein Hinweis auf einen zu dicken Hund. Am besten betrachtet und betastet man die Rippen. Sind sie gut und klar zu sehen oder zu fühlen (deshalb muß der Hund noch lange kein »Knochengerippe« sein!), hat der Hund das richtige Gewicht. Verschwimmen aber die Konturen und fühlt man die Rippen nur noch durch ein »Polster«, dann heißt es die Futtermenge reduzieren, damit der Hund abnimmt. Die Tagesration sollte dabei auf zwei Mahlzeiten verteilt werden, am besten morgens und abends, das ist für den Hund bekömmlicher. Außerdem fällt ihm das Hungern leichter, wenn der Magen nicht permanent knurrt. Am besten hält man bestimmte feste Futterzeiten ein. Daran wird sich der Hund schnell gewöhnen. Ganz wichtig ist natürlich, daß man sich konsequent an die verminderte Futtermenge hält und sich auch durch noch so flehentliches Betteln nicht zu einem Happen zwischendurch verleiten läßt.

Die meisten Stadthunde leiden an Bewegungs-, aber nicht an Appetitmangel. Die Folgen sind bei diesem Cavalier King Charles Spaniel deutlich zu sehen.

Der Energiebedarf eines ausgewachsenen Hundes

Damit Sie sich in etwa eine Vorstellung über den Energiebedarf Ihres Hundes machen können, sind in der folgenden Tabelle einige Richtwerte zusammengestellt. Bei diesen Angaben handelt es sich um Richtwerte für den Energiebedarf des sogenannten Erhaltungsstoffwechsels, das heißt die Energiemenge, die ein Hund unbedingt braucht, wobei er weder zu- noch abnehmen sollte. (In der Tabelle nicht aufgeführte Zwischenwerte können Sie sich jederzeit selbst mit der Formel auf Seite 10 errechnen.)
Da viele Hundebesitzer nur eine unklare Vorstellung davon haben, was ihr Hund wiegen sollte, haben wir auf Seite 36 eine Übersicht über die verbreitetsten Hunderassen zusammengestellt. Die dort aufgeführten Mittelwerte sind aus dem Gewicht für Hündinnen und Rüden gemittelt – das heißt, Rüden sind in der Regel etwas schwerer und Hündinnen etwas leichter als das dort angegebene Gewicht. Aber auch Hunde sind, wie der Mensch, individuell verschieden, und so können die angegebenen Werte nur eine Richtschnur sein, in welcher Größenordnung ungefähr das Idealgewicht Ihres Hundes zu suchen ist. Im Zweifelsfall sollten Sie sich mit Ihrem Tierarzt oder einem Experten des Hundezuchtvereins beraten.
Je kleiner der Hund ist, desto mehr Energie benötigt er. Je größer der Hund, desto weniger – relativ gesehen – Energie braucht er im Vergleich zu einem kleinen Hund. Und wie bei uns Menschen, gibt es auch bei den Hunden gute und schlechte Futterverwerter. Bei Rationen, die den einen Hund bereits dick machen, nehmen andere Hunde noch kein Gramm zu. Deswegen lassen sich auch keine verbindli-

Der erste Schritt, seinen Hund vernünftig zu ernähren, ist, ihn zu wiegen, um festzustellen, wieweit er von seinem Idealgewicht entfernt ist.

Kleine Hunde wie dieser Yorkshireterrier brauchen im Verhältnis zu ihrem Körpergewicht mehr Energie als große Rassen wie diese Dogge.

Tabellarische Übersicht über den Energiebedarf eines ausgewachsenen Hundes pro Tag

Gewicht des Hundes in kg	kcal	kJ	Gewicht des Hundes in kg	kcal	kJ
1	130	550	25	1450	6080
2	220	920	27,5	1560	6540
3	300	1240	30	1670	6980
4	370	1540	32,5	1770	7410
5	440	1820	35	1870	7830
6	500	2090	37,5	1970	8250
7	560	2340	40	2070	8660
8	620	2590	42,5	2160	9060
9	680	2830	45	2260	9460
10	730	3060	47,5	2350	9850
11	790	3290	50	2450	10230
12	840	3510	55	2630	10990
13	890	3730	60	2800	11730
14	940	3940	65	2980	12460
15	990	4150	70	3150	13170
16	1040	4350	75	3310	13870
17	1090	4560	80	3480	14560
18	1140	4760	85	3640	15230
19	1180	4950	90	3800	15900
20	1230	5150	95	3960	16560
22,5	1340	5620	100	4110	17210

chen Werte angeben. Betrachten Sie die in der Tabelle aufgeführten Werte als Richtschnur, und beobachten Sie Ihren Hund genau. Dann werden Sie sicherlich schnell herausgefunden haben, wieviel Kilokalorien er braucht, um sein Gewicht zu halten. (Bei den angegebenen Werten handelt es sich um Mittelwerte aus normalem und erhöhtem Bedarf.)
Eine Waage ist natürlich unbestechlicher als eine persönliche Beurteilung und so ist regelmäßiges Wiegen bei »gefährdeten« Hunden eigentlich unerläßlich. Kleinere Hunde lassen sich direkt wiegen, größere nimmt man am besten auf den Arm und zieht von dem auf einer Personenwaage ermittelten Gewicht das Gewicht der mitgewogenen Person ab. Große Hunde nimmt man am besten mit zur Post und bittet den Postbeamten, den Hund ausnahmsweise auf der großen Postwaage wiegen zu dürfen.

Tabellarische Übersicht über das Normalgewicht für verschiedene, ausgewählte Hunderassen

Rasse	Gewicht in kg (Mittelwerte, Hündinnen sind meist leichter, Rüden schwerer)
Zwergrassen	
Yorkshireterrier	3
Zwergpudel	5
Zwergdackel	5
Kleine Rassen	
Kurzhaardackel	8
Foxterrier	8
Langhaardackel	8,5
Cockerspaniel	14
Beagle	14
Mittelgroße Rassen	
Großpudel	20
Airdaleterrier	24
Collie	25
Dalmatiner	25
Große Rassen	
Afghane, Pointer, Bobtail	25–30
Setter	27
Boxer	29
Deutscher Schäferhund	33
Riesenrassen	
Deutsche Dogge	60
Neufundländer	60
Bernhardiner	75

Futternäpfe

Im Fachhandel werden die verschiedensten Futterschüsseln angeboten, flache, hohe, leichte aus Plastik und schwere aus Ton. Ungeeignet sind die zwar billigen aber zu leichten Plastikschüsseln, da sie der Hund schnell umstoßen kann und sie zudem oft einen starken Eigengeruch haben, der vielen Hunden unangenehm ist.

Eine richtige Futterschüssel muß standfest sein. Für langohrige Rassen gibt es zudem spezielle Ausführungen, bei denen gewährleistet ist, daß die Ohren nicht ins Futter hineinhängen können.

Zu bevorzugen sind Emaille-, Ton- oder auch Porzellanschüsseln, die groß genug sein müssen, um das Futter für eine Mahlzeit vollständig aufzunehmen. Wichtig ist immer die Standfestigkeit, also daß sie unten breiter als oben sind. Für große Hunde gibt es auch Futterschüsseln auf einem Ständer, die der Höhe oder besser der Größe der jeweiligen Rasse angepaßt sind. Haben sie ein entsprechendes Standvermögen, ist dagegen sicherlich nichts einzuwenden. Dasselbe gilt natürlich auch für Wassernäpfe. Wasser sollte dem Hund immer zugänglich sein.

Die Ernährung eines gesunden, erwachsenen Hundes

Die eigene Zusammenstellung von Hundenahrung ist nicht einfach und setzt nicht nur Kenntnisse des Bedarfs an Rohnährstoffen, Spurenelementen, Vitaminen und essentiellen Fettsäuren voraus, sondern verlangt auch ein Grundwissen über die Akzeptanz und Verdaulichkeit verschiedener Nährstoffe sowie deren Gehalte an den erwähnten Inhaltsstoffen. Im Anhang ab Seite 74 finden Sie vier Tabellen, mit deren Hilfe Sie ein ausgewogenes Futter selbst zusammenstellen können.
Zunächst wiegen Sie Ihren Hund, und stellen fest, ob Ihr Tier wohl sein Idealgewicht hat oder vielleicht etwas abnehmen muß. (Daß ein Hund zu dünn ist, kommt bei unseren bewegungsarmen Stadthunden selten vor!)
Anschließend lesen Sie in der Tabelle von Seite 35 den täglichen Energiebedarf Ihres Hundes (ausgehend von seinem Idealgewicht) ab.
Mit Hilfe der Tabellen von Seite 74ff. können Sie sich dann eine Futtermischung für Ihren Hund zusammenstellen. Bei normaler Beanspruchung eines gesunden, ausgewachsenen Hundes soll das Futter zu 1 Teil aus eiweißreichen Futtermitteln und zu 2 Teilen aus kohlenhydratreichen Futtermitteln bestehen.
Bei der Zusammenstellung der kohlenhydratreichen Zutaten sollten Sie immer auch etwas Gemüse mit einplanen, denn in Gemüse sind wichtige Vitamine und Spurenelemente enthalten.
Vergessen Sie nicht, die Kalorien, die durch die Zufügung von Fett oder Öl anfallen, in Ihre Rechnung mit einzubeziehen.
Aber denken Sie immer daran, daß der Energiebedarf eines Hundes eine recht variable Größe ist, die sich auch – etwa durch mehr oder weniger Bewegung – verändern kann. Und jeder Hund reagiert verschieden. Der eine ist ein guter Futterverwerter und der andere wird auch bei reichlicher Nahrung nicht dick. Hinzu kommt, daß ein lebhaftes Temperament den Energiebedarf steigert. Langhaarige Hunde brauchen in der Regel weniger Energie als kurzhaarige. Die einen Hunde laufen täglich Kilometer, die anderen

Viele Tierärzte raten, die Futterschüsseln so aufzustellen, daß der Hund sich beim Fressen nicht hinunterbeugen muß.

haben einen ausgesprochen geringen Bewegungsbedarf. All diese Faktoren müssen berücksichtigt werden, aber das werden Sie mit der Zeit selbst merken. Hunde, die gerne Obst fressen, können davon ruhig auch mal zwischendurch etwas bekommen, ohne daß man das mitzählen muß. Allerdings keine Bananen, da die einen hohen Energiegehalt haben, was natürlich bei der Kalorienberechnung zu berücksichtigen ist. Die Fleischbrühe, die beim Kochen des Fleisches entsteht, kann dem Futter beigemischt werden. Gut verfüttern läßt sich auch zusätzlich Knochenbrühe. Sie erhöht häufig die Akzeptanz des Futters. Darüber hinaus kann auch sehr gut Gemüsebrühe verwendet werden. Bevor das Gemüse gesalzen oder gewürzt wird, sollte man ein Teil der Brühe entnehmen und dem Futter beifügen. Im Gemüsewasser sind eine Reihe wasserlöslicher Vitamine enthalten. Auch frische Gartenkräuter, zum Beispiel Petersilie und Schnittlauch, können die Nahrung des Hundes bereichern; es empfiehlt sich die Zugabe von etwa einem Teelöffel kleingeschnittener Gartenkräuter pro Tag.

Als Beifutter eignet sich auch Magerquark. Hier müssen Sie aber darauf achten, daß es sich wirklich um Magerquark handelt, da sonst der ganze Kalorienfahrplan durcheinandergerät. In den Wintermonaten kann darüber hinaus auch einmal etwas Honig verabreicht werden,

oder – statt Gemüse und Obst – können Gemüse- und Obstsäfte unter das Futter gemischt werden. (Aber mit Vorsicht, denn manchmal erzeugen sie Durchfall!) Um eine ausgewogene Nahrung zu erhalten, und bei der selbst zusammengestellten Ration kein Risiko einzugehen, reichert man sie noch mit einem im Handel erhältlichen Vitamin-Mineralstoffpräparat an. Beim Kauf eines solchen Präparates sollte man darauf achten, daß folgende Inhaltsstoffe vorhanden sind:

- Kalzium
- Phosphor
- Natrium

An Zusatzstoffen sollten enthalten sein:

- Vitamin A
- Vitamin D3
- Vitamin E
- Vitamin B1
- Vitamin B2
- Vitamin B6
- Vitamin B12

und natürlich darf das Verfallsdatum, das auf der Packung aufgedruckt ist, nicht überschritten sein.
Zusätzlich enthalten diese Präparate auch noch wichtige Spurenelemente. Bei der Dosierung sollten Sie sich genau nach den Angaben des Herstellers richten, denn auch ein Zuviel kann schaden.
Kleine Gaben von pflanzlichen Ölen, die reich an essentiellen Fettsäuren sind, sorgen für ein glänzendes Fell. Bei kleinen Hunden reicht es, jeden zweiten Tag ½ Teelöffel Oliven- oder Sonnenblumenöl unter das Futter zu mischen. Mittelgroße Hunde bekommen jeden zweiten Tag einen Teelöffel und große einen Eßlöffel Öl.

Rezeptbeispiele

Die folgenden Rezepte sind als Anregung, wie man eine ausgewogene Mahlzeit zusammensetzen kann, gedacht. Die für Ihren Hund richtigen Mengen der einzelnen Zutaten müssen Sie sich selber anhand der Tabellen im Anhang zusammenstellen. Natürlich sollten Sie auch auf den Geschmack Ihres Hundes Rücksicht nehmen, aber Sie werden sicher schnell selbst herausfinden, was er mag und was nicht. Auch die Mengen werden Sie nach einer Weile sicher im »Gefühl« haben, aber für den Anfang hilft nur abmessen, wiegen und Kalorien zählen und den Hund genau beobachten. Nimmt Ihr Hund ab, müssen Sie die Portionen vergrößern, nimmt er zu, muß er weniger bekommen.

Lassen Sie das Fressen nicht zu lange stehen. Wenn der Hund satt ist und noch etwas im Napf bleibt, war die Portion zu groß und sollte beim nächsten Mal kleiner ausfallen.

1. Rezept: Schnittböhnchen blanchieren und kleinschneiden, darunter etwas gekochtes, leicht durchwachsenes Rind- oder Lammfleisch.

2. Rezept: Hühnchen oder Pute kochen, kleinschneiden, etwas von der Kochflüssigkeit darangeben und das Ganze mit gekochtem Reis und etwas Karotten vermischen.

3. Rezept: Kabeljau kochen und von allen Gräten befreien. Dazu gibt man gekochte Kartoffeln, die man ebenfalls klein schneidet und eventuell mit etwas Fischsud übergießt.

4. Rezept: Quark oder Hüttenkäse mit Obst (am besten einer Banane, das mögen die meisten Hunde) vermischen und darunter etwas gekochten Reis geben.

5. Rezept: Rinderherz kochen und kleinschneiden. Als Beilage gekochte Erbsen daruntermengen.

6. Rezept: Pferdefleisch kochen und kleinschneiden. In die Brühe Hafer- oder Gemüseflocken mischen und das Fleisch wieder zugeben.

7. Rezept: Ein Rührei mit etwas rohen, geriebenen Karotten mischen.

Und bedenken Sie eines: Ein Hund, der zu wenig Bewegung hat, muß sein Leben lang Diät leben, um nicht zu verfetten. So könnte bei ausreichendem Auslauf ein 10 kg schwerer Hund zum Beispiel 1000 kcal verbrennen. Hat er aber wenig Bewegung, darf er nur 500–700 kcal bekommen. Das Beste für Ihren Hund ist, ihm den notwendigen Auslauf zu verschaffen, das bekommt nicht nur seiner, sondern auch Ihrer Gesundheit.
Viele Stadthunde kompensieren mit der Zeit die fehlende Bewegung und die Langeweile durch Fressen und werden langsam, aber sicher zu ständig bettelnden, kleinen, runden Hausungeheuern. Ersparen Sie Ihrem Hund dieses Schicksal!

Ein Spezialfall: der Leistungshund

Leistungshunde wie etwa Jagd-, Dienst- oder auch Schlittenhunde haben einen erhöhten Energiebedarf, weshalb das Verhältnis von Fleisch zu pflanzlicher Kost in ihrem Futter auch 2:1 sein sollte. Der Mehrbedarf ist dabei sehr von der Art der Arbeit – also der Leistung – abhängig. Für kurzfristige Höchstleistungen, wie sie etwa Windhunde erbringen, beträgt der Mehrbedarf nur etwa 10 Prozent des Erhaltungsbedarfs. Demgegenüber kann der Mehrbedarf bei intensiver, langandauernder Arbeit, wie sie etwa Schlittenhunde leisten, auf ein Mehrfaches des Erhaltungsbedarfs steigen. Hier lassen sich keine allgemeingültigen Regeln aufstellen, das muß jeder Besitzer eines Leistungshundes selbst herausfinden. Grundsätzlich gilt natürlich, daß auch ein Leistungshund so gefüttert wird, daß er nicht an Gewicht verliert.
Müssen Hunde sehr viel arbeiten, ist es günstig, das Futter auf zwei bis drei Portionen am Tag zu verteilen, um eine Überlastung des Magens und Darms zu ver-

meiden. Dabei gibt man – wie gewohnt – eine Hauptmahlzeit und bietet zwei kleinere Zwischenmahlzeiten zusätzlich an. Man sollte die Tiere aber nicht direkt vor der Arbeit füttern, sondern wenigstens zwei, besser noch sechs Stunden vorher. So können sie dann auch mehr leisten. Auch wir betreiben ja nach dem Essen mit vollem Bauch keinen Hochleistungssport. Auch nach der Arbeit gibt es erst nach einer angemessenen Ruhepause von ein bis zwei Stunden Fressen.

Auch die Jahreszeit muß bei der Fütterung berücksichtigt werden. Hunde, die in der kalten Jahreszeit viel im Freien sind, brauchen mehr Energie zur Erhaltung der Körpertemperatur. Und wenn zum Beispiel Jagdhunde im Winter ins Wasser gehen müssen, brauchen sie eine Fettschicht unter der Haut, um nicht zu frieren. Arbeiten die Hunde ein paar Stunden täglich, so steigert sich der Erhaltungsbedarf um etwa 50 Prozent, also zum Beispiel von 1000 auf 1500 kcal. Schwer arbeitende Hunde brauchen sogar 100 Prozent mehr, also die doppelte Kalorienzahl als ihre nicht arbeitenden Kollegen.

Wichtig bei der Ernährung von Leistungshunden sind leichtverdauliche Kohlenhydrate und die zusätzliche Gabe von Fetten. Jeder Hundebesitzer muß selbst herausfinden, ob sein Hund ein guter oder schlechter Futterverwerter ist und danach die Futtermenge bemessen. Zum Beispiel braucht ein 10 kg schwerer Hund in der Regel je nach Arbeit und Leistung etwa 1200 kcal täglich. Ob das aber auch für Ihren Hund zutrifft, müssen Sie selbst herausfinden.

Leistungshunde wie diese Schlittenhunde haben einen erhöhten Energiebedarf.

Rezeptbeispiele

Hier ein paar Anhaltspunkte, wie man so eine gehaltvolle Mahlzeit am besten zusammensetzt.

1. Rezept: Reines Muskelfleisch vom Wild (Reh oder Hirsch) ohne Gewürze kochen oder braten. Dazu etwas Nudeln oder Kartoffelbrei, die mit Öl angereichert werden. Der Hauptbestandteil des Futters muß aber das Fleisch sein.

2. Rezept: Makrelen oder einen anderen fetten Seefisch kochen und gut von allen Gräten befreien. Dazu etwas gekochten Reis oder Kartoffeln.

3. Rezept: Speisequark wird mit einer Banane vermischt und das Ganze mit etwas Honig gesüßt.

4. Rezept: Rinderleber wird leicht gekocht oder in Butter oder Öl kurz angebraten und – je nach Größe des Hundes – mit 1–3 Rühreiern vermischt.

Trächtige und säugende Hündinnen

Eine Hündin, die gedeckt werden soll, muß in guter körperlicher Verfassung sein. Das heißt auch, daß sie weder Unter- noch Übergewicht haben darf.
Zu Beginn der Trächtigkeit bis etwa zur fünften Woche sollte die Hündin ganz normal gefüttert werden. Ab der fünften Woche muß die werdende Mutter sehr bewußt ernährt werden. Es ist darauf zu achten, daß genügend Kohlenhydrate gefüttert werden, die mindestens 20–25 Prozent des Futters ausmachen sollten. Auch eine ausreichende Eiweißzufuhr ist wichtig. Man kann seiner Hündin ein paar gekochte Eier pro Woche geben und, wenn sie es verträgt, auch etwas Vollmilch. Auch Quark und Käse sind gut.
Rohe oder gekochte Rinder- oder Kalbsleber (keine rohe Schweineleber!) sollte zweimal pro Woche auf dem Speiseplan stehen. Gemüse und Salat (gut für den Darm), aber auch etwas Hefe sind zur Fütterung der trächtigen Hündin geeignet.
Ein ausgeglichenes Angebot an Mineralstoffen und Vitaminen muß ebenfalls gesi-

Trächtige Hündinnen benötigen eine besonders ausgewogene und hochwertige Nahrung.

Säugende Hündinnen müssen außer sich selbst auch noch die Welpen ernähren und brauchen viel Futter.

chert sein, denn bei einer Unterversorgung mit diesen Stoffen hat die Hündin nach dem Werfen Probleme mit der Milchproduktion und somit mit der Versorgung ihrer Jungen. Was während der Trächtigkeit an Fütterung versäumt wurde, ist auch durch reichliche Futtermengen während der Säugeperiode nicht mehr auszugleichen.

Die Rationen für tragende Hündinnen müssen leicht verdaulich sein. Die Portionen sollten gegen Ende der Trächtigkeit etwa drei- bis viermal so groß wie normal sein. Um den Organismus nicht unnötig zu belasten, sollte das Futter auf vier bis fünf Mahlzeiten am Tag verteilt werden.

Auch wenn man es mit der Hündin sehr gut meint: Überfüttern sollte man sie auf keinen Fall. Zu fette Hündinnen haben unter Umständen Probleme bei der Geburt, und eventuell ist auch die Milchbildung gestört.

Als Faustregel kann man sagen, daß kleine Hunde ihren Energiebedarf nach der fünften Trächtigkeitswoche um rund 30 Prozent steigern, große Hunde um rund 50 Prozent. Hat die Hündin nun geworfen, benötigt sie weiterhin vermehrt Energie, um die Welpen ausreichend mit Milch zu versorgen.

Auch hier gibt es eine Faustregel:
Der Erhaltungsbedarf steigt in der ersten Woche um etwa das Zweifache und steigert sich bis zur fünften Woche sogar auf das Drei- bis Vierfache des regulären Bedarfs. Dies ist unter anderem von der Zahl der Welpen abhängig. Hat die Hündin einen sehr großen Wurf, sollte sie soviel zu fressen bekommen, wie sie will. In der Zeit, in der die Hündin ihre Jungen säugt, sollte sie auf keinen Fall abnehmen, aber auch nicht zunehmen.
Das Futter sollte auf drei bis fünf Portionen am Tag verteilt werden, bei sehr hoher Milchleistung muß es sogar ständig zur freien Aufnahme zur Verfügung stehen (Ad-libitum-Fütterung).
Besonders wichtig ist jetzt auch eine ausreichende Vitamin- und Mineralstoffversorgung, da es sonst zu Mangelerkrankungen (zum Beispiel Krämpfe bei Kalziummangel) kommen kann. Die Ernährung einer säugenden Hündin unterscheidet sich also nicht wesentlich von der der trächtigen ab der fünften Trächtigkeitswoche. Wichtig ist die Qualität des Futters, also ein hoher Anteil an hochwertigem Eiweiß.

Rezeptbeispiele

Die folgenden und auch alle kommenden Rezeptbeispiele dienen wieder als Anregung, wie eine ausgewogene Mahlzeit zusammengesetzt werden kann. Die genauen Mengen müssen Sie sich jeweils selbst anhand der entsprechenden Tabellen zusammenstellen.

1. Rezept: Rindfleisch oder sehr gut und lange gekochtes Schweinefleisch oder auch Wild werden mit etwas Gemüse vermischt gereicht. Als Gemüse eignen sich Mais, Karotten oder Kartoffeln, ebenfalls kurz gekocht.

2. Rezept: Hühnchen kochen und kleinschneiden und mit der Brühe vermischen. Dazu Kartoffelbrei. (Wenn die Hündin es annimmt, wäre auch etwas Obst zum Nachtisch gut.)

3. Rezept: Sahnequark mit Honigflokken und einem Eigelb vermischen. Dazu gekochte Leber oder etwas gekochtes Rinderherz.

4. Rezept: Barschfilet wird gekocht und von allen Gräten befreit. Dazu gibt man etwas Karotten, die aber nicht zu stark gekocht sein dürfen, da sonst die Vitamine verlorengehen.

5. Rezept: Rotwein mit einem Ei und Traubenzucker eignet sich für schwache Hündinnen zum Aufpäppeln. Man nimmt ein bis zwei Eier und verquirlt sie mit dem Traubenzucker, bis sie eine noch etwas flüssige, aber doch schön schaumige Masse ergeben. Darunter mischt man vorsichtig ein Schnapsgläschen Rotwein und gibt es dem Hund ein. (Auch einmal für Leistungshunde geeignet!)

Die Ernährung junger Hunde

Bis zum Alter von vier bis fünf Wochen saugen die Welpen meist noch bei der Mutter, ernähren sich also hauptsächlich von Muttermilch. Aber schon ab der dritten Woche sollte man allmählich mit dem Zufüttern beginnen. Zuerst bekommen die Welpen etwa dreimal täglich einen dünnflüssigen Brei. Der Brei besteht aus magerem, gekochtem Rind- oder Kalbfleisch, das durch den Fleischwolf gedreht wird. Auch mageres, gekochtes Hühnerfleisch, ebenfalls ganz klein geschnitten, ist gut. Dazu gibt es etwas weichgekochtes Eigelb, und das Ganze kann man mit Haferflocken vermischen und mit frischer, klarer Fleischbrühe verrühren. Auch ein wenig Gemüsebrei, Quark oder Hüttenkäse kann man untermengen.

Auch das im Handel erhältliche Welpenfutter nehmen die Kleinen gern. Anfangs sollte man es noch mit etwas magerer Fleischbrühe verdünnt geben.

Große, schnell wachsende Rassen sind bei einer Mineralstoffunterversorgung extrem anfällig für Knochendeformationen. Selbstgefertigtes Futter muß deshalb immer zusätzliche Mineralstoffmischungen enthalten.

Wollen die Welpen noch nicht so recht fressen, streicht man ihnen den Brei vorsichtig um das Schnäuzchen. Wenn sie sich ablecken, merken sie bald, daß es da doch etwas Gutes gibt. Hat es der erste

Im Alter von vier Wochen sind die Kleinen in der Lage, neben der Muttermilch auch feste Nahrung aufzunehmen.

der Welpen dann verstanden, seine Ration aus dem flachen Napf zu schlecken, folgen die anderen bald seinem Beispiel. Nun sollten Hündin und Welpen verschiedene Futterschüsseln bekommen, damit es nicht zum Streit beim Fressen kommt. Die Futterschüsseln können Sie für die Welpen etwas höher stellen, damit sie »aufrecht« fressen können. Interessant ist, daß manche Hündinnen so etwa vier Wochen nach der Geburt erbrechen. Man führt dies auf ihre Urahnen, die Wölfe, zurück, die den Welpen in diesem Alter vorverdautes Futter anbieten.
Um die Linie der Kleinen braucht man sich keine Sorgen zu machen. In diesem Alter dürfen die Welpen noch soviel fressen, wie sie möchten. Hat man es einmal zu gut gemeint und die Kleinen lassen Futter übrig, sollte man dies sofort wegräumen, damit es nicht schlecht wird. Die nächste Ration sollte kleiner ausfallen. Manchmal gibt es bei der Umstellung von der Muttermilch auf feste Nahrung Durchfälle, oder es kommt zu Erbrechen. Dann drosselt man das Zusatzfutter oder streicht es für einen Tag ganz und versucht es dann noch einmal. Der beste Zeitpunkt, die Welpen von der Mutter abzusetzen, ist im Alter von fünf bis sechs Wochen. Dann bekommen sie drei- bis viermal täglich das Beifutter, an das sie schon vorher gewöhnt wurden, als Alleinfutter. Man kann jetzt auch noch etwas menschliche Babykost und geriebene Karotten, überhaupt Gemüse untermengen. Wichtig ist, daß Vitamine und Mineralstoffe ausgewogen gegeben werden. Weder ein Zuviel (auch das schadet!) noch ein Zuwenig ist für die Kleinen gut.
Junge Hunde wachsen sehr schnell und haben einen großen Energiebedarf. Sie werden bis zu ihrem fünften Lebensmonat viermal täglich gefüttert. Das Futter besteht zu 3 Teilen aus hochwertigem gekochtem (oder rohem) Fleisch und zu 1 Teil aus Haferflocken oder Reis und Gemüse. Vergessen Sie nicht, den Kalkbedarf mit kleingeschnittenen Knorpeln oder kräftig ausgekochten Kalbsknochen zu decken beziehungsweise Vitamin- und Mineralstoffpräparate unter das Futter zu mischen.
Um die kleinen, scharfen Zähne – besonders in der Zeit des Zahnwechsels – zu beschäftigen, kauft man am besten Büffelhautknochen. Daran können die Welpen sich nicht verletzen und trotzdem nach Herzenslust nagen.
Ab dem fünften Monat wird dann nur noch dreimal täglich – morgens, mittags und abends – gefüttert. Man bedenke dabei immer, daß der Hund noch im Wachsen ist und oft jetzt schon die gleiche Futtermenge benötigt, die er auch als erwachsener Hund braucht.
Wenn der Hund neun Monate alt geworden ist, reicht es, wenn er – wie ein erwachsener Hund – zweimal täglich gefüttert wird.

Rezeptbeispiele

1. Rezept: Man koche ein Hähnchen und löse das helle Fleisch heraus. Dieses wird ganz feingeschnitten und mit ein wenig Brühe vermischt. Dazu kommen Hafer- oder Hundeflocken. Sobald die ersten Zähnchen da sind, kann man auch

Junge Hunde haben einen großen Bewegungsdrang und somit einen hohen Energiebedarf.

vorsichtig die oberen Knorpel, die leicht zu kauen sind, vom Hähnchenknochen lösen und den Kleinen geben.

2. Rezept: Ein relativ flüssiges Rührei mit feingeschnittenem Hühnerfleisch vermischen und ein wenig Getreideflocken dazugeben.

3. Rezept: Etwas rohes oder leicht angekochtes Rinderhack (oder auch Tatar) mit einem Eidotter vermischen und ein bißchen Gemüse wie pürierte, gekochte Böhnchen oder Erbsen dazugeben.

4. Rezept: Etwas Hüttenkäse mit Banane vermischt als Vorspeise. Anschließend gibt man gekochten Fisch zu, wie Barsch oder Kabeljau, der ganz klein geschnitten und sorgfältig entgrätet wurde.

5. Rezept: Wildfleisch gekocht und klein geschnitten, dazu etwas zerkleinerte (je nach Alter der Welpen) Kalbsknorpel von der Luftröhre, die ebenfalls gekocht werden, damit sie schön weich sind. Dazu Kartoffelbrei.

6. Rezept: Rind- oder Pferdefleisch kochen und kleinschneiden und mit etwas Quark, Hundeflocken und Sojaöl vermischen; vergessen Sie nicht, Mineralstoffe zuzugeben!

Verwaiste Welpen

Es gibt leider immer wieder Hündinnen, die nur sehr wenig oder gar keine Milch haben. In diesen Fällen muß man entweder zufüttern oder die Welpen voll mit Muttermilchersatz ernähren. Meist hat die Mutter aber wenigstens so viel Milch, daß die Kleinen ein- oder zweimal am Tag saugen können, so daß man nur zufüttern muß. Ist die Mutter aber schwer krank oder durch einen Unfall oder bei der Geburt selbst ums Leben gekommen, hilft nur die künstliche Aufzucht. Das bedeutet für den Besitzer aber viel Arbeit und natürlich viel Zeit! In manchen Fällen hat man Glück und kann die Kleinen einer Amme unterschieben. Natürlich muß die Amme gesund und ihre Mutterinstinkte sollten gut ausgeprägt sein.
Hat man das Glück gehabt und eine Amme gefunden, steht man vor dem Problem, wie man ihr die Jungen möglichst unbemerkt unterschiebt. Wenn möglich reibt man sie mit der Milch der Amme ein, damit der fremde Geruch überdeckt wird. Manche Züchter benutzen auch die Ausscheidungen der Welpen der Amme, um die fremden damit einzureiben, damit es keine Schwierigkeiten gibt. Es ist meist auch hilfreich, wenn man die Amme etwas länger von den Welpen fernhält, dann ist das Gesäuge voll und prall und die Hündin ist froh, wenn die Jungen saugen. Man sollte aber auf jeden Fall genau beobachten, ob die Hündin die fremden Jungen auch annimmt. Es kommt leider immer wieder vor, daß eine Hündin erkennt, daß man ihr da etwas »untergeschoben« hat und die Kleinen tötet. Deshalb muß man in der ersten Zeit sehr auf der Hut sein, damit den Waisenkindern nichts passiert. Bei kleinen Hunderassen kann man auch eine kräftige Katze mit guten Mutterinstinkten als Amme nehmen.
Findet man allerdings keine Amme, muß man die Kleinen selbst aufziehen. Das größte Problem bei der Aufzucht ohne Mutter ist das Fehlen der Kolostralmilch. Die Abwehrstoffe, die die Welpen durch diese Milch bekommen würden, fehlen ihnen dann, und so muß der Tierarzt Abwehrstoffe spritzen, bis die Kleinen selbst in der Lage sind, Abwehrstoffe zu produzieren.
Die ersten 14 Tage sind für den Züchter besonders anstrengend, denn die Welpen müssen tagsüber alle drei – besser alle zwei – Stunden gefüttert werden. Auch nachts brauchen sie in den ersten 6 Tagen alle drei Stunden ihr Fläschchen. Gedeihen sie gut und haben die ersten

Wer verwaiste Welpen mit der Flasche aufziehen muß, sollte sich im Fachgeschäft beraten lassen, welche Flaschen- und Schnullergröße für die Kleinen richtig ist.

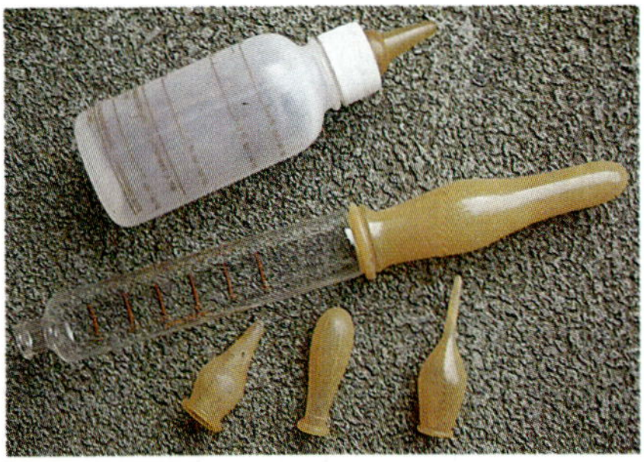

kritischen Tage überstanden, kann man nachts die Abstände auf vier Stunden vergrößern. Aber das gilt nur für den Fall, daß die Kleinen ständig zunehmen und auch nicht vor Hunger schreien. Gefüttert wird – je nach Größe der Welpen – zum Beispiel mit einer Pipette oder auch einer Säuglingsflasche. Lassen Sie sich in einem Fachgeschäft oder vom Tierarzt beraten. Wichtig ist aber, daß die Löcher im Schnuller (es sollten immer mehrere sein) die richtige Größe haben. Sind sie zu groß, kommt zuviel Milch und der Welpe verschluckt sich und kann dabei sogar ersticken. Sind sie zu klein, ist das Saugen für die Kleinen zu anstrengend, sie ermüden zu schnell und schlafen vor Erschöpfung ein, bevor sie genug getrunken haben. Die Milch muß – wie für menschliche Babys auch – immer körperwarm (also 35–38° C) sein. Die Welpen nehmen, ernährt man sie richtig, täglich zu, und das Bäuchlein ist nach jeder Mahlzeit schön prall.

Bis die Welpen anfangen, selbständig Kot und Urin abzusetzen, muß man den Kot- und Urinabsatz nach jeder Mahlzeit anregen, wie das die Hundemutter auch tun würde. Dazu werden Bäuchlein und Aftergegend vorsichtig mit den Fingerkuppen, mit einem festen Wattebausch oder einem Waschlappen massiert. Das dann hoffentlich bald erscheinende Verdauungsprodukt kann man mit einem Papiertuch entfernen. Der Kot sollte weich und gut geformt sein. Dünner und mißgefärbter Kot, zum Beispiel grünlich, hellgelblich oder ockerfarben, deutet auf eine Fehlernährung hin und man sollte den Tierarzt um Rat fragen. Als Muttermilchersatz

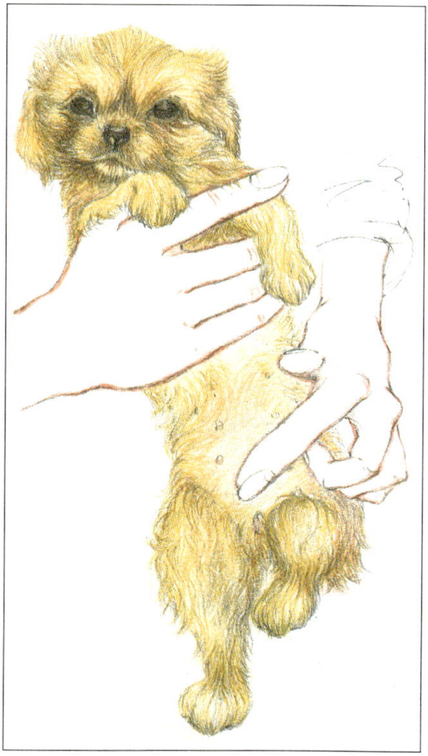

Regelmäßig nach jeder Mahlzeit muß das Bäuchlein der Welpen sanft mit den Fingerkuppen massiert werden, um die Verdauung in Gang zu setzen.

kauft man am besten die im Handel befindlichen Milchaustausch- oder Milchersatzprodukte, da ist man sicher, daß sie in ihrer Zusammensetzung der Hundemilch so nah wie möglich kommen. Auf keinen Fall kann man die Welpen allein mit Kuhmilch aufziehen, denn die ent-

spricht in ihrer Zusammensetzung nicht der Hundemilch.
Wollen Sie aber die Milch für die Welpen unbedingt selbst zubereiten, müssen Sie sich so nah wie möglich an die natürliche Zusammensetzung der Hundemilch halten. Diese besteht aus:

77,8% Wasser
9,8% Fett
8,1% Eiweiß
3,5% Milchzucker (Laktose)
1,1% Mineralstoffe (wobei Kalzium einen Anteil von 0,28% und Phosphor von 0,22% hat)
(100 Gramm dieser Hundemilch enthalten 120 kcal) (nach Baines)

Stellt man die Milch selbst zusammen, nimmt man für 100 Milliliter Milchersatz:

71 ml Kuhmilch
18 ml Sahne
5 g rohen Eidotter
2 g Maiskeimöl
2,9 g Kasein
0,4 g Zitronensäure
0,3 g vitaminiertes Mineralstoffutter
0,1 g Vitaminmischung (nach H. Meyer)

Aber es ist auf jeden Fall sicherer und unkomplizierter, die handelsüblichen Fertigprodukte zu verwenden.
Bei der Menge, die man den Kleinen geben muß, richtet man sich am besten nach den Welpen selbst. Sie hören ganz von allein zu trinken auf, wenn sie satt sind. Wichtig ist, daß man die Milch für jede Mahlzeit immer frisch anrührt und nichtgetrunkene Reste wegschüttet.
Nach etwa 10 Tagen sind die Welpen dann meist so weit, daß man sie nur noch dreimal täglich und einmal nachts füttern muß. Schreien die Kleinen allerdings vor Hunger, muß man sie öfter füttern.
Bei mutterlosen Welpen kann man etwa ab dem zehnten Tag versuchen, sie an breiige Nahrung zu gewöhnen. Natürlich muß man sie zunächst noch füttern, aber sobald sie die Augen geöffnet haben, kann man sie an den Napf gewöhnen. Sobald sie selbständig essen, ist für den Besitzer die schlimmste Zeit überstanden.

Die Ernährung des alternden Hundes

Ältere Hunde benötigen besonders hochwertiges Futter, damit der Organismus möglichst wenig belastet wird. Das heißt, die Nahrung sollte vor allem aus hochverdaulichem Eiweiß mit einer hohen biologischen Wertigkeit bestehen und reich an Vitaminen sein. Es empfiehlt sich, die erforderliche Futtermenge wegen ihrer hohen Konzentration an Nährstoffen auf mehrere Mahlzeiten pro Tag zu verteilen. Das entlastet den Verdauungsapparat.
Alte Hunde bewegen sich nicht mehr so gerne und ausdauernd wie junge. Außerdem arbeiten die inneren Organe nicht mehr so wie in jungen Jahren. Die Gelenke weisen oft Abnutzungserscheinungen auf, auch im Gebiß fehlt bereits der eine oder der andere Zahn. Viele

ältere Hunde neigen entweder zu Verstopfung oder zu Durchfällen, und so muß man bei der Ernährung älterer Hunde mit mehr Sorgfalt vorgehen.

Gerade durch den geringeren Energieverbrauch setzen sich überschüssige Kalorien im Futter schnell als Fett an. Übergewicht ist nämlich besonders für ältere Hunde ein Problem, denn Herz und Kreislauf werden dadurch über Gebühr beansprucht.

Die Futterration ist aufgrund des geringeren Bewegungsbedürfnisses zu kürzen und, je nach Kondition des Hundes, muß das Futter herz-, leber- oder nierenfreundlich ausgerichtet werden.

Der ältere Hund braucht durchschnittlich 20 Prozent weniger Energie als der jüngere.

Ältere Hunde benötigen hochwertiges und nicht zu hartes Futter.

Rezeptbeispiele

Häufig ist es angebracht, sehr alten Hunden mit Zahnproblemen das Futter so suppig als möglich zu verabreichen. Hier ein paar Vorschläge:

1. Rezept: Hühner- oder Putenfleisch gut kochen und Gemüse wie Karotten, Erbsen oder Kartoffeln dazugeben. Alles sehr klein schneiden oder gegebenenfalls kurz durch den Mixer laufen lassen und mit viel Brühe vermischt vorsetzen.

2. Rezept: Hackfleisch vom Rind, Pferd oder Schaf leicht ankochen oder mit wenig Fett leicht anbraten; etwas Gemüse oder Gemüseflocken dazugeben.

3. Rezept: Karotten, Bohnen, Erbsen oder anderes Gemüse blanchieren und, um den Geschmack zu verbessern, etwas nicht zu fetten, durchwachsenen Speck, den man vorher in der Pfanne ausgelassen hat, darunter geben. Man kann auch etwas Rindfleisch, fein geschnitten und angebraten, dazu tun.

4. Rezept: Kartoffelpüree mit Milch, rohem Eidotter und etwas pflanzlichem Öl so lange durchschlagen, bis es schaumig ist. Vitamin- und Mineralstoffpräparat unterrühren.

5. Rezept: Kabeljau, Barsch oder Butt, gekocht und gut entgrätet, sind gut verträglich. Dazu gibt man Kartoffelpüree.

6. Rezept: Hammelfleisch kochen oder leicht in der Pfanne anbraten und ganz klein schneiden. Ein Ei verquirlen und dazugeben.

7. Rezept: Pfannkuchen mit Haschee, das man aus Rind-, Hühner- oder Lammfleisch herstellen kann, ist ebenfalls beliebt. Den Pfannkuchenteig stellt man aus Milch, Ei, Wasser und Mehl her, backt ihn in Öl aus, schneidet ihn in Streifen und mischt dann das Haschee darunter.

Die Ernährung im Krankheitsfall

Wechselwirkung von Ernährung und Krankheiten

Schematische Darstellung der Anordnung der inneren Organe eines Hundes. Durch Ernährungsfehler sind besonders folgende Organe gefährdet: Zu reichliche Ernährung kann zu Herz- und Leberverfettung führen; einseitige Ernährung kann Nieren- und Blasensteine zur Folge haben. Viele Süßigkeiten und zu fette und zu scharf gewürzte Nahrung können Erkrankungen der Bauchspeicheldrüse nach sich ziehen. (Näheres dazu finden Sie auf den folgenden Seiten.)

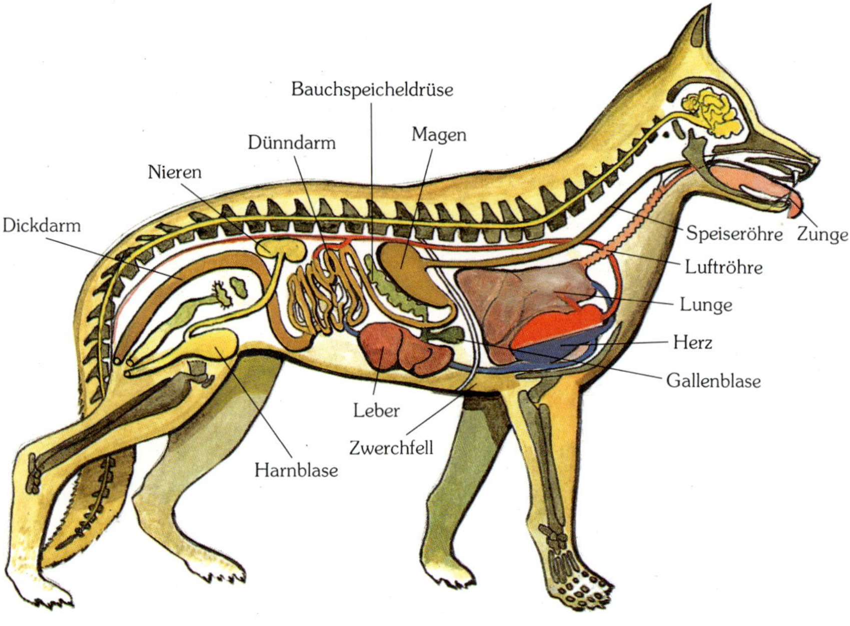

Da die Ernährung letztendlich der Aufrechterhaltung aller Lebensfunktionen dient, liegt es nahe, daß sich eine unzweckmäßige oder falsche Ernährung in »mangelnder Gesundheit« oder Krankheit ausdrückt. In der Tat haben Fehler bei der Ernährung kurz-, mittel- oder langfristig negative Folgen. Daneben kann es im Leben eines Hundes Krankheiten geben, die sich durch eine gezielte Ernährung sehr günstig beeinflussen lassen.

Zunächst gibt es also Erkrankungen oder Erscheinungen, die durch Ernährungsfehler bedingt sind. Im wesentlichen kann man Ernährungsfehler mit den Stichworten »zuviel, zuwenig oder nicht ausgewogenes Futter« beschreiben. Hierbei ist es letztendlich untergeordnet, ob es sich um einen Fehler in der Komponentenauswahl (etwa zu vitaminarme Futtermittel) oder der Zubereitung handelt (Vitaminverluste beim Kochen).

Fehler in der Energieversorgung lassen sich recht leicht erkennen. Bei einem Mangel an verfügbarer Futterenergie werden Hunde untergewichtig, bei einem Überschuß übergewichtig. Schwankungen im Fettbestand des Körpers eines Hundes sind an sich völlig normal und biologisch sinnvoll, um Zeiten eines reichhaltigen Angebotes auszunutzen und Phasen knapper Versorgung überbrücken zu können. Der Übergang zu krankhafter Überernährung ist fließend. Von krankhafter Übergewichtigkeit spricht man im allgemeinen dann, wenn auch andere Organsysteme wie etwa der Kreislauf oder die Gelenke in Mitleidenschaft gezogen sind.

Daneben gibt es zahlreiche Folgen einer Mangelernährung. Wenn zum Beispiel die Versorgung mit Eiweiß, Mineralstoffen, Vitaminen oder ungesättigten Fettsäuren mangelhaft ist, können verschiedene Krankheitsbilder auftreten, je nachdem, welcher Nährstoff fehlt. Hautentzündungen oder Pigmentverlust der Haare können auf einen Zinkmangel, Durchtrittigkeit und Schmerzen beim Laufen auf einen Kalziummangel zurückzuführen sein. Aber oft sind die Symptome für eine falsche Ernährung eher untypisch, wie etwa ein stumpfes Fell, so daß die Diagnose »Ernährungsfehler« auch für einen Fachmann schwer zu stellen ist.

Ferner gibt es Erkrankungen, deren Ursache nicht (oder nicht zwangsläufig) im Zusammenhang mit Ernährungsfehlern stehen, die sich jedoch durch eine gezielte Ernährung günstig beeinflussen lassen. So gibt es Erkrankungen fast aller Organsysteme, bei denen zwar eine Therapie erforderlich ist, zusätzlich eine richtige Ernährung aber nicht vergessen werden sollte. Man denke zum Beispiel an einen höheren Energiebedarf bei Fieber, Blutverlusten durch Unfälle oder die Ernährung eines Hundes mit bakteriell bedingtem Durchfall.

Schließlich ist bei einigen Stoffwechselerkrankungen oder Störungen einzelner Organe eine gezielte Ernährung (Diätetik) unerläßlich. Auch Hunde können zum Beispiel Diabetiker sein und müssen dann, genau wie ihre menschlichen Leidensgenossen, ein Leben lang eine strenge Diät einhalten.

Hilfen zum Füttern im Krankheitsfall

Hunde sind in der Regel genauso wenig begeistert von einer Diät wie Menschen. Sie lassen ihren Napf unberührt oder fressen nur sehr wenig. Auch bei Diät-Dosenfutter ist das oft der Fall. Mit ein paar psychologischen Tricks kann man aber seinen Hund doch dazu bringen, den Napf trotzdem zu leeren und das Futter zu akzeptieren.
Man sollte das Futter nie direkt aus dem Kühlschrank nehmen. Am besten erwärmt man das Fressen entweder in einer Pfanne, im Wasserbad oder gibt einfach etwas heißes Wasser dazu. So kann sich der »Duft« auch besser entfalten, und das regt den Hund zum Fressen an.
Muß man über einen längeren Zeitraum seinem Hund Diätfutter geben, sollte man zuerst ⅔ des gewohnten Futters mit ⅓ des Diätfutters zusammenmischen und das Verhältnis langsam zugunsten des Diätfutters ändern, bis sich der Hund schließlich an die Diät gewöhnt hat.
Auch Hunde sind von einer völlig salzfreien Diät nicht besonders angetan, und so ist es sicherlich besser, zu Beginn einer Diät eine kleine Prise Salz zuzugeben und diese im Lauf der Zeit allmählich ganz wegzulassen.
Der Napf sollte nie ganz gefüllt sein, sondern nur so viel Futter enthalten, wie der Hund in kurzer Zeit zügig frißt. Hört er auf und geht weg, wird der eventuelle Rest entfernt. Dafür sollte man aber mehrmals füttern. Will der Hund so gar nichts fressen, muß man mit viel Liebe und Geduld auch einmal aus der Hand füttern.
Häufig ist das Diätfutter trockener oder auch breiiger als das gewohnte Futter. Dann kann man versuchen – entweder durch die Zugabe von Wasser oder durch Antrocknen im Backofen –, das Futter so aufzubereiten, daß es die gewohnte Beschaffenheit hat.
Die gewohnte Freßumgebung sollte ebenfalls nicht verändert werden, ebensowenig sollte man sich hinstellen und zusehen, ob der Hund auch wirklich frißt. Viele Tiere irritiert das.
Das allerwichtigste bei jeder Diät ist aber: konsequent durchhalten und keine Häppchen vom Tisch oder Leckereien nebenher geben, das stellt den Erfolg in Frage und schadet dem Hund natürlich auch.

Eingabe von Tabletten und flüssigen Medikamenten

Jeder Hund wird vermutlich im Laufe seines Lebens einmal Medikamente schlucken müssen. Hier ein paar Tips, wie Sie den Hund dazu »überreden« oder überlisten können.
Tabletten kann man zerkleinern und unter das Lieblingsfutter mischen. Allerdings gibt es »Spezialisten«, die das merken und ihr Futter verweigern. Je nach Art der Tablette können Sie diese dann auch in einem Stück Leber- oder Mettwurst verstecken. In diesem Fall sollten Sie aber vorher Rücksprache mit dem Tierarzt halten, denn bei manchen Erkrankungen wie Durchfall ist es nicht empfehlenswert, die

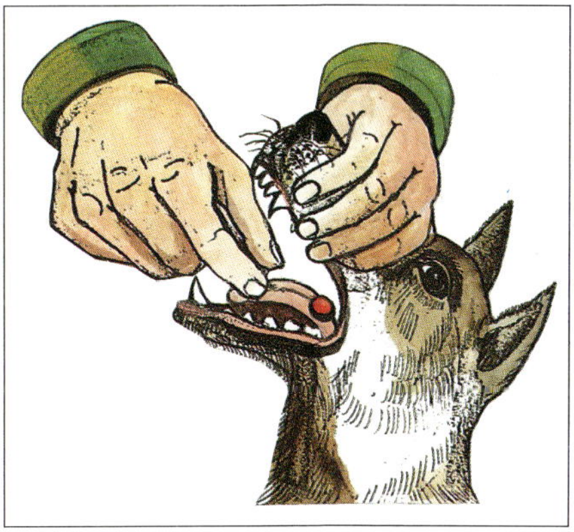

Eingabe von Tabletten: Öffnen Sie das Maul des Hundes, und legen Sie die Tablette möglichst weit nach hinten auf den Zungengrund.
Nun schließen Sie das Maul des Hundes und halten seinen Kopf etwas nach oben, damit er schlucken muß. Massieren Sie zusätzlich sanft den Kehlkopf, das stimuliert den Schluckvorgang.

Tabletten in dieser Form zu verabreichen. (Auch Rinderhack kann man übrigens gut benutzen, um Tabletten zu verstecken.)
Kommen Sie mit diesen Tricks nicht weiter, muß man dem Hund die Tabletten zwangsweise verabreichen. Das muß natürlich behutsam vor sich gehen. Sie öffnen dazu das Maul Ihres Hundes (siehe Abbildung) und legen die Tablette so weit wie möglich nach hinten auf den Zungengrund. Achten Sie darauf, daß Ihre Finger durch die Lefzen etwas gegen die Zähne des Hundes geschützt sind. Dann schließen Sie das Maul des Hundes, heben seinen Kopf etwas an und massieren sanft seinen Kehlkopf, damit der Hund schlukken muß. Warten Sie, bis Sie die Schluckbewegung spüren, denn sonst war unter Umständen die ganze Mühe umsonst, und der Hund spuckt Ihnen die Tablette vor die Füße.
Die Eingabe von flüssigen Medikamenten ist einfacher. Dazu nehmen Sie einen Löffel (Sie können sich auch von Ihrem Tierarzt eine 10-ml-Spritze geben lassen) und schütten die Flüssigkeit – wie die Abbildung zeigt – seitlich bei den Lefzen ins Maul. Durch Massieren des Kehlkopfes wird der Schluckvorgang beschleunigt.
Sollte Ihr Hund sich einmal verschlucken, das heißt, die Flüssigkeit ist in die Luftröhre geraten, lassen Sie sofort seine Schnauze los, damit er sich gut aushusten kann. Etwas später können Sie dann die Eingabe des Medikaments noch einmal versuchen.

Eingabe von flüssigen Medikamenten: Man füllt die Medizin auf einen Löffel und schüttet die Flüssigkeit seitlich bei den Lefzen ins Maul.

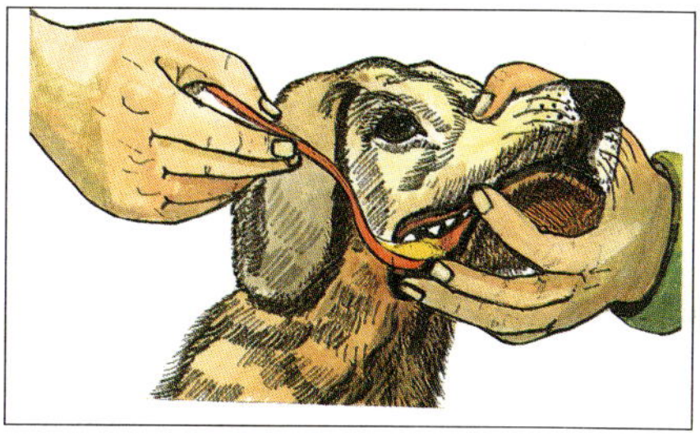

Der übergewichtige Hund

Die meisten dicken Hunde sind nicht krank, sondern nur ganz einfach überfüttert. Und wie man aus eigener, meist schmerzlicher Erfahrung weiß – drauf hat man die Pfunde schnell, nur bis sie wieder herunter sind, das dauert.

Bei zu dicken Hunden geht es nicht nur um die Schönheit, sondern vor allem um die Gesundheit. Knochen und Gelenke werden mehr als nötig belastet, das Atmen fällt schwer und auch Herz und Kreislauf werden über Gebühr beansprucht. Das »Wasserreservoir« im Körper sinkt, dafür hat der Hund mehr Fett eingelagert. Im Sommer bei großer Hitze wirkt sich das auf den Wärmehaushalt des Hundes aus – es kommt bei dicken Hunden viel schneller zu einem Wärmestau. Auch die Bewegungslust nimmt zusehends ab – denn ein dicker Hund springt und läuft nicht so leicht wie sein normalgewichtiger Kollege. All dies trägt dazu bei, daß die Lebenserwartung dicker Hunde geringer ist als die schlanker. Dicke Hunde müssen daher abnehmen. Aber wie? Es gibt verschiedene Möglichkeiten. Die einfachste ist sicherlich, wenn man Fertigfutter, das

Erhebliches Übergewicht gefährdet die Gesundheit eines Hundes und verkürzt seine Lebenserwartung.

es als spezielle Abmagerungsdiät gibt, kauft. Der Hund kann seinen Hunger dann mit ballaststoffreichem, aber kalorienarmem Futter stillen.
Soweit die Theorie. In der Praxis werden solche Futtermischungen jedoch nicht gern gefressen. Es ist die Frage, ob der Halter ein ausreichend stabiles Nervenkostüm hat, zu denken »er frißt nicht, also braucht er nichts«, oder ob er nicht doch mit gewohnter Nahrung den armen Liebling wieder zur Futteraufnahme bewegt. Der bessere Weg ist eine Begrenzung der täglichen Futtermenge auf etwa 60% des Bedarfes für das Idealgewicht.
Ein Beispiel: Ihr Hund wiegt 25 kg, sollte aber idealerweise nur 20 kg auf die Waage bringen.
Orientieren Sie sich an der Soll-Kalorienzahl für 20 kg (1230 kcal pro Tag) und nehmen davon ⅔, das entspricht 820 kcal pro Tag. Diese Ration bekommt Ihr Hund dann so lange, bis er 20 kg wiegt. Nach Erreichen des Idealgewichts darf er dann wieder 1230 kcal pro Tag zu sich nehmen. Damit der Hunger nicht zu groß wird und man selbst das »Betteln« etwas leichter ertragen kann, verteilt man diese kleinere Ration am besten auf drei bis vier Minirationen am Tag.
Leider ist es eine unumstößliche Tatsache, daß Hunde, die sich im Lauf der Zeit eine dicke Speckschwarte angefressen haben, nur noch sehr wenig Futter brauchen, um sich diese auch zu erhalten. Und deshalb erfordert es sehr viel Konsequenz und eben Ausdauer, von dem vermeintlichen »Bißchen« nur noch einen Teil zu geben. Und noch etwas: Was sich der Hund in ein bis zwei Jahren angefressen hat, bekommt man eben nicht in zwei bis drei Wochen wieder herunter. Da muß man eben sehr viel Geduld und Liebe aufbringen – und Konsequenz! Und zu schnelles Abnehmen würde dem Hund auch schaden.
Auch an Hand der Kalorientabelle von Seite 74 ff. kann man eine Futtermischung zusammenstellen, bei der der Hund überflüssige Pfunde abspeckt. Gemüse und Quark haben zum Beispiel wenig Kalorien, auch magerer Fisch eignet sich gut und ebenso mageres Fleisch.

Diätvorschläge

Will man ganz sicher gehen, daß es in der Familie keinen Übeltäter gibt, der die mühsame Diät hintertreibt und seinem Liebling halt doch ab und zu noch etwas zusteckt, dann sollte man seinen Hund immer wieder in regelmäßigen Abständen auf die Waage stellen, um den Erfolg der Diät zu kontrollieren. Beim Abnehmen hilft natürlich auch viel Bewegung, Spazierengehen, mit dem Hund spielen und ihn ablenken, damit er seinen leeren Bauch vergißt.

1. Rezept: Sehr mageres Rindfleisch kochen und kleinschneiden, mit klein geschnittenen Kartoffeln (wenig) vermischen.

2. Rezept: Lunge vom Kalb kochen, kleinschneiden (so erscheint es »mehr«) und ein paar blanchierte grüne Bohnen dazu reichen.

3. Rezept: Fleischbrühe mit Karotten.

4. Rezept: Gekochtes Kaninchenfleisch mit Erbsen vermischen.

5. Rezept: Kabeljau gekocht und entgrätet geben. Dazu ein bißchen Kartoffelpüree.

6. Rezept: Magerquark mit etwas Obst (zum Beispiel einer Birne) vermischt geben.

7. Rezept: Magerquark mit Weizenkleie vermischt geben.

Vorübergehende Magen- und Darmstörungen

Durchfall

Viele Hunde bekommen aus oft unerfindlichen Gründen Durchfall. Sei es, daß sie im Winter Schnee gefressen oder im Sommer aus einer verdorbenen Wasserlache getrunken haben, sei es, weil sie zu viel Milch oder Sahne erwischt oder sonst etwas gefressen haben, was ihnen nicht bekommen ist. Die Tatsache steht jedenfalls fest: Der Hund hat Durchfall.
Zuerst sollte man einmal Fieber messen. Steigt die Temperatur über 38,5°C an, muß man zum Tierarzt gehen, denn hinter dem Durchfall steckt dann mehr.
Handelt es sich aber lediglich um Durchfall ohne Fieber und Erbrechen, sollte der Hund ein bis zwei Tage hungern, bis der Durchfall von allein abklingt. Wenn dem Hund das Hungern gar zu schwer fällt, können Sie ihm auch einen Hafer- oder Reisschleim (siehe Seite 61) anbieten. Wenn sich die Symptome trotz dieser Maßnahme nach zwei Tagen nicht legen, muß unbedingt ein Tierarzt aufgesucht werden, da gerade junge Hunde von länger anhaltendem Durchfall durch den hohen Flüssigkeitsverlust stark geschwächt werden. Um den Flüssigkeitsverlust auszugleichen, ist es wichtig, daß der Hund immer ausreichend Wasser, das mit einer Prise Salz angereichert wurde, zur Verfügung hat.

Gerade junge Hunde können durch einen länger anhaltenden Durchfall stark geschwächt werden. Tritt also trotz Diät keine Besserung ein, müssen Sie unbedingt einen Tierarzt aufsuchen.

Er kann auch Kamillen-, Fenchel- oder schwarzen Tee, eventuell mit etwas Traubenzucker versetzt, angeboten bekommen. Verboten sind Milch, Milchprodukte und Zucker, die durchfallfördernd wirken können. Nach diesen ein bis zwei Fastentagen bekommt der Hund in sehr kleinen Portionen, die in vier bis sechs Gaben über den ganzen Tag verteilt werden, leicht verdauliche Nahrung, aber kein Fett (Rezepte siehe Diätvorschläge).
Erst, wenn der Kot wieder wohlgeformt ist, kann man langsam mit der Diät zurückgehen, was nicht heißen soll, daß man abrupt damit aufhört. Dann kann es nämlich wieder plötzlich zu Durchfall kommen.
Zuerst wird deshalb $2/3$ Diätfutter mit $1/3$ normalem Futter gemischt. Verträgt das der Hund, kann man auf $1/3$ Diätfutter und $2/3$ Normalfutter übergehen. Ist dieser Schritt ebenfalls problemlos geschafft, kann der Hund wieder sein gewohntes Futter bekommen.

Diätvorschläge

Auch wenn der Hund nicht direkt hungern muß, sollten bei einer Magen-Darm-Diät nur etwa 80 Prozent der normalen Portion gegeben werden, die auf vier bis sechs Mahlzeiten verteilt wird, um den Magen und Darm zusätzlich zu entlasten. Die Mengen für die einzelnen Zutaten müssen Sie sich wieder anhand der Tabellen (siehe auch Seite 74 ff.) im Anhang selbst zusammenstellen!

1. Rezept: Haferflocken mit Wasser und einer Prise Salz zu einem Brei kochen. Diesen Haferschleim dem Hund lauwarm einflößen, denn freiwillig fressen das leider nur wenige Hunde.

2. Rezept: Reis mit Wasser und etwas Salz so lange kochen, bis ein Reisschleim entsteht, der dann lauwarm dem Hund gegeben wird. Nach zwei oder drei Tagen kann man dem Brei etwas magere Fleischbrühe zufügen und auch schon einen Eidotter daruntermischen. Nach weiteren ein bis zwei Tagen mischt man noch etwas gekochtes Rinderhack dazu.
Bei länger anhaltendem Durchfall hat sich auch eine Diät aus Hüttenkäse und gekochtem Reis bewährt:

3. Rezept: Reis kochen und im Verhältnis: 1 Tasse Reis auf 100 g Hüttenkäse mischen.
Ist der Durchfall im Abklingen, gibt man noch eine Weile Schonkost, die aber etwas abwechslungsreicher sein darf.

4. Rezept: Reis und Hühnerbrust werden gekocht. Nach Erkalten der Brühe wird das Fett abgeschöpft. Die magere Brühe darf in kleinen Mengen untergemischt werden. Eine Prise Salz und eine kleingedrückte Banane werden ebenfalls untergerührt.

5. Rezept: Reis und entgräteter Fisch werden gekocht. Ein Teil der Fischbrühe kann untergerührt werden. Anschließend gibt man etwas geriebenen, rohen Apfel, etwas Magerquark und eine Prise Salz hinzu.

6. Rezept: Reis und Rindfleisch werden gekocht. Nach Erkalten der Fleischbrühe wird das Fett abgeschöpft. Die magere Brühe darf in kleineren Mengen untergemischt werden. Etwas geriebener, roher Apfel und eine zerdrückte Banane sowie eine Prise Salz werden ebenfalls untergerührt.
Es gibt auch ein altbewährtes Hausmittel, das nicht nur Hunden, sondern auch Menschen bei Durchfall hilft.

Hausrezept: ¼ l Rotwein wird mit ¼ l kohlensäurefreiem, mineralisiertem Heilwasser vermischt und mit einer Prise Salz gewürzt. Das Ganze stellt man in ein Wasserbad und löst 4 Blatt Gelatine darin auf. Von dieser Mischung gibt man dem Hund alle zwei Stunden etwa zwei Eßlöffel voll ein.
(Diese Menge ist für einen Spaniel gedacht und läßt sich je nach Größe des Hundes beliebig variieren.)
Ist der Durchfall dann im Abklingen, sollten Sie Ihrem Hund ungesüßten Joghurt anbieten, denn Joghurt ist gut für den Darm, da er die Darmflora wieder ins rechte Gleichgewicht bringt.

Verstopfung

Häufig sind an Verstopfungen die heißgeliebten Knochen schuld. Diese stecken oft so fest, daß nur ein Einlauf Abhilfe schaffen kann.
Oft ist aber auch eine zu einseitige Ernährung die Ursache – zu hochwertiges Futter und keine Ballaststoffe wie zum Beispiel Vollkorn, Getreideschrot, Obst und Gemüse.
Angesagt sind Futtermittel, die den Darm wieder zum Arbeiten anregen und zudem die Verdauung unterstützen.
Wenn die Verstopfung nicht allzu schlimm ist, reicht es, in das gewohnte Futter 1–3 Eßlöffel Salat- oder Paraffinöl zu mischen. Rohe Leber und rohe Milz haben manchmal einen durchschlagenden Erfolg (aber nie vom Schwein!)
Auch Milch kann in manchen Fällen eine Verstopfung lösen. Manchmal tut's auch schon ein ungesüßter Joghurt, Buttermilch oder Quark, um die Darmflora wieder zu beleben.
Neigt der Hund zur Verstopfung, muß ballaststoffreich gefüttert werden. Morgens Leinsamen, der in Wasser etwas zum Quellen gebracht wurde, Weizenkeimlinge, Getreidekörner und auch Vollkornbrot zur herkömmlichen Nahrung beheben oder bessern meist das Problem.
Auch die Beigabe von Hefe zum Futter hat sich bei Darmerkrankungen bewährt. Nebenbei ist darauf zu achten, daß der Hund viel Bewegung hat.
Ist die Verstopfung sehr hartnäckig und erbricht der Hund auch noch, muß man sofort zum Tierarzt gehen, denn es könnte sich auch einmal um einen Darmverschluß handeln!

Erbrechen

Hunde erbrechen leichter und schneller als Menschen. Wenn der Magen beim Fressen überlastet wurde, erbrechen Hunde kurze Zeit später; das Allgemeinbefinden ist aber ungestört, und man muß sich deshalb keine Sorgen machen.

Der Urhund, der Wolf, muß nämlich beim Verspeisen der Beute alles, was er bekommen kann, so schnell wie möglich in sich hineinschlingen, denn sonst würden die anderen Mitglieder des Rudels seinen Anteil vertilgen. Anschließend zieht er sich dann vollgefressen zurück, erbricht und frißt dann in Ruhe.
Auch bei den domestizierten Verwandten des Wolfs kann man dieses Verhalten noch oft beobachten. Viele Hunde fressen und schlingen schnell, erbrechen hin und wieder und fressen dann das Erbrochene wieder auf.
Erbrechen kann aber auch ein Zeichen einer ernsten Erkrankung sein, zum Beispiel bei einem Darmverschluß, bei Vergiftungen oder bei Nierenversagen, besonders wenn der Hund dabei auch Fieber hat und/oder apathisch in einer Ecke liegt. Deshalb ist es immer besser, seinen Hund dem Tierarzt vorzustellen, dann ist man entweder beruhigt, oder man verhindert Schlimmeres.
Auf jeden Fall sollten Sie Ihren Hund ein paar Tage auf Schonkost setzen. Bewährt hat sich hier Hafer- und Reisschleim (siehe Seite 61). Auch Zwieback, in Kamillen- oder Pfefferminztee eingeweicht, tut dem Hund gut. Um den Magen zu beruhigen, kann man auch Weizenkleie oder Leinsamen füttern. Diese Schonkost wird zunächst allein gegeben und erst, wenn sich der Zustand (nach etwa einer Woche) gebessert hat, allmählich mit dem gewöhnlichen Futter vermengt, bis man schließlich den Hund wieder normal füttern kann.

Der nierenkranke Hund

Bekanntlich sind die Nieren das Ausscheidungsorgan des Körpers und müssen, soll es nicht binnen kürzester Zeit zu einer Anhäufung »harnpflichtiger« Stoffe im Blut kommen, Schwerstarbeit leisten. Durch feinste Filterung des Blutes werden einerseits die »Abfälle« aus dem Körper transportiert und andererseits die wichtigen Eiweiße, Mineralstoffe, Wasser usw. dem Körper durch Rückgewinnung wieder zugeführt. Ist die Niere in ihrer Funktion eingeschränkt, wird dies sofort für den gesamten Organismus höchst bedrohlich. Leider werden leichte Nierenleiden von den Hundebesitzern häufig übersehen, da der Hund keine für seinen Besitzer erkennbaren Symptome zeigt. Deshalb ist es sicherlich anzuraten, immer wieder einmal eine Urin- und Blutuntersuchung durchführen zu lassen. Der Besitzer bemerkt eine Nierenerkrankung oft erst, wenn der Hund einen fast unstillbaren Durst zeigt (was ein sehr intensives Gassigehen nach sich zieht!), wenn das Haarkleid stumpf wird oder der Hund an Gewicht verliert. Häufiges Erbrechen ist ein weiteres Alarmsignal. Auch übler Geruch aus dem Maul ist ein Anzeichen. Ist eine Nierenerkrankung so weit fortgeschritten, daß der Hund erbricht, apa-

Dalmatiner haben oft eine vererbte Veranlagung zu bestimmten Stoffwechselerkrankungen und müssen deshalb sorgfältig auf etwaige Krankheitssymptome beobachtet werden.

thisch herumliegt, keinen rechten Hunger zeigt, muß man auf dem Weg über das Trinkwasser die verlorengegangenen Elektrolyte ersetzen beziehungsweise durch Infusionen ersetzen lassen.

Bei der Fütterung muß man darauf achten, daß das Futter auf mehrere Portionen am Tag verteilt wird. Ganz wichtig ist, daß der Hund immer ausreichend Wasser trinken kann! Neben speziellen Nierendiäten, die es fertig zu kaufen gibt und die man bei schweren Nierenerkrankungen (nur nach Rücksprache mit dem Tierarzt) geben sollte, kann man eine geeignete Diät natürlich auch selbst herstellen.

Dabei ist zu berücksichtigen, daß bei einer leichten Erkrankung höchstens 10–15 Prozent Eiweiß (nur hochwertiges und leichtverdauliches) gegeben wird, dafür aber Fett, Kohlenhydrate, Vitamine und Mineralstoffe, mit geringen Anteilen an Phosphor. Phosphor ist vor allem in Muskelfleisch und Leber enthalten.

(Bei schweren Nierenerkrankungen muß der Hund nach Möglichkeit sogar ganz eiweißfrei ernährt werden.)

Grundlage einer gezielten Nierendiät ist es nämlich, die Eiweißversorgung so gering wie möglich zu halten, da die Abbauprodukte des Eiweißes über die Nieren ausgeschieden werden müssen und daher eine zusätzliche Belastung sind. Natürlich muß der Hund trotz der Diät ausreichend mit Energie versorgt werden. Am besten geschieht dies durch die Gabe von Fetten, die auch die Schmackhaftigkeit und damit die Akzeptanz der von den Hunden im allgemeinen nicht sehr geschätzten Diät erhöht. Besonders gern mögen Hunde in der Regel Schweineschmalz.

Diätvorschläge

Zumindest während einer akuten Nierenerkrankung muß eine strenge Diät eingehalten werden, die zwar nicht sehr phantasievoll ist, aber in den meisten Fällen doch eine spürbare Besserung bringt. Wie schon erwähnt, sollte die Diät für ganz schwere Fälle soweit wie möglich – das richtet sich danach, was der Hund noch akzeptiert und frißt – eiweißfrei sein, also nur aus Kartoffeln, Reis und den verschiedenen Gemüsen bestehen. Will der Hund das gar nicht fressen, kann man zur Not auch zwei bis drei sehr lange gekochte Würfel Schweinefleisch, die anschließend im Mixer püriert werden, daruntermischen.
Ansonsten gilt für die ersten sechs bis acht Wochen: Kartoffeln und Eier in allen Variationen, wobei der Anteil an Eiern, die ja Eiweißträger sind, nicht zu hoch sein sollte.

Ist eine Besserung eingetreten, kann man allmählich statt der Eier auch hochwertiges Eiweiß oder Milchprodukte verwenden.

1. Rezept: Rührei mit gekochten Kartoffeln vermischen, Schweineschmalz oder ein pflanzliches Öl zufügen.

2. Rezept: Kartoffelpüree (mit Wasser zubereitet) mit etwas Schweineschmalz vermischen und weichgekochtes Ei dazugeben.

3. Rezept: Gekochte Kartoffeln in etwas Fett anrösten und rohes Ei unterziehen.

4. Rezept: Mageren Quark mit weichgekochtem Ei vermengen und etwas mageres, gekochtes Pferde- oder Putenfleisch (wenig) untermischen.

5. Rezept: Kartoffelpüree mit reichlich Vollmilch anrühren, dazu weichgekochtes Ei und etwas pflanzliches Öl oder Schweineschmalz.

6. Rezept: Kartoffeln kochen und mit Sojakeimen oder gekochten Bohnen und Magerquark vermischen.

Nieren- und Harnsteine

Ebenfalls in den Bereich der Nierenerkrankungen gehört die Bildung von Harn- oder Nierensteinen, die bei Hunden durch falsche Ernährung (zu viel Mineralien) oder, wie etwa beim Dalmatiner, durch eine angeborene Stoffwechselerkran-

kung, durch die Harnsäure nicht umgewandelt werden kann, entstehen.
Hat der Hund Nierensteine, muß zuerst untersucht werden, um welche Steine es sich handelt. Dementsprechend kann dann die Diät gestaltet und das eine oder andere Futtermittel reduziert werden, was aber eine Bestimmung der Art der Steine voraussetzt.

Ammonium-, Magnesium- und Phosphatsteine
Diese Steine treten am häufigsten auf. Hier sind Obst, Gemüse, Haferflocken und Hefe verboten, da sie die Steinbildung weiter fördern. Das heißt für die praktische Ernährung, daß der Anteil an pflanzlichen Futterbestandteilen so gering wie möglich sein soll.
Erlaubt sind Fisch und Fleisch (beides gekocht, aber jeweils ohne Brühe), Reis, Milch, Quark und auch einmal Schweineschmalz und Kartoffelbrei.
Hafer- oder Hundeflocken sollten nur in dem Maß verfüttert werden, wie es für die Aufnahme von Ballaststoffen erforderlich ist. Stärke und Traubenzucker darf der Hund in kleinen Mengen bekommen.

Harnsäure- oder Uratsteine
Verboten sind bestimmte tierische Eiweiße wie von Fleisch, Innereien, Herz, also alle Futtermittel, in denen Purin, ein Bestandteil der Nukleinsäure, enthalten ist. Auch Anchovis und Sardinen sind zu meiden.
Erlaubt sind Eier und alle Milchprodukte, etwas Mineralstoffe wie Natrium- und Kaliumbicarbonat, auch Gemüse ist gut, aber kein Spinat!

Oxalatsteine
Wird zuviel Oxalsäure aufgenommen, zum Beispiel durch Gemüse, entstehen diese Steine. Verboten sind deshalb Obst und Gemüse. Die Eiweißgaben sind ebenfalls zu kürzen.
Erlaubt sind Haferflocken, überhaupt alles Getreide, roher Fisch und rohes, hochwertiges Fleisch (aber kein Schweinefleisch!).

Der leberkranke Hund

Die Leber hat im Körper ganz zentrale Aufgaben. So ist sie für die Absonderung der Galle, die zur Verdauung benötigt wird, verantwortlich. Sie reguliert den Kohlenhydrat- und Fettstoffwechsel, baut Eiweißstoffe auf und wieder ab und bildet Harnstoff und Harnsäure. Ferner speichert sie Vitamine und Spurenelemente, spielt eine Rolle bei der Regulation des Hormonstoffwechsels und entgiftet wie ein Filter den Körper von Stoffwechselprodukten.
Die Leber eines Hundes kann aus sehr verschiedenen Gründen erkranken. Eine Hepatitis (Leberentzündung) schädigt dieses Organ; auch Vergiftungen, selbst wenn sie überstanden sind und schon länger zurückliegen, können Folgeschä-

den für die Leber haben. Aber auch Krankheiten wie Leukose, Tuberkulose oder Tumore beeinträchtigen die Leberfunktion.

Eine Fettleber, die ebenfalls die Leberfunktion erheblich beeinträchtigt, kann infolge einer allgemeinen Verfettung des Hundes sekundär entstehen, sie kann aber auch durch schlechtes, verdorbenes oder verpilztes Futter hervorgerufen werden.

Ebenso kann Diabetes die Leberfunktion beeinträchtigen.

Auch eine Herzinsuffizienz zieht die Leber in Mitleidenschaft, und gelegentlich können Parasiten die Leber schädigen. Da die Leber das Hauptstoffwechselorgan des Körpers ist, ist eine Lebererkrankung immer sehr ernst zu nehmen.

Ob es sich nun aber um eine akute oder chronische Lebererkrankung handelt, immer muß ein bestimmter Speiseplan eingehalten werden, um das Organ zu entlasten.

Ob die Schonkost über relativ kurze Zeit oder das ganze Hundeleben hindurch gegeben werden muß, hängt davon ab, ob die Krankheit akut oder chronisch ist.

Entscheidend bei einer Leberdiät ist, daß viel leicht verdauliche Kohlenhydrate wie etwa Quark, Haferflocken, Weizenkeime, Stärke, Reis, Zucker, Traubenzucker oder Honig gegeben werden. Diese Kost entlastet die Leber. Auf eine gute Versorgung mit Vitamin B (eventuell durch zusätzliche Gaben) ist ebenfalls zu achten. Auch die übrigen fett- und wasserlöslichen Vitamine braucht der kranke Hund vermehrt. Deshalb sollten stets Vitaminpräparate unter das Diätfutter gemischt werden. Die Futterrationen sind, wie fast bei allen Krankheiten, auf drei bis vier Mahlzeiten pro Tag zu verteilen, um eine plötzliche Überlastung der Leber zu vermeiden.

Das Eiweiß, das bei einer Leberdiät verfüttert wird, muß hochwertig sein, wie dies bei Fisch, schierem Fleisch und Milcheiweiß der Fall ist.

Um den Darm nicht träge werden zu lassen, sind Ballaststoffe von großer Wichtigkeit. Auch Schweinefett darf gegeben werden. Ganz wichtig ist außerdem ein kalziumreiches Mineralpräparat.

Begeistert wird Ihr Hund von einer Diät selten sein, aber bleiben Sie konsequent, und lassen Sie sich nicht von treuen Hundeaugen erweichen.

Diätvorschläge

Die folgenden Rezeptvorschläge eignen sich zwar alle als Diät im Falle einer Lebererkrankung, aber wegen der Bedeutung des Organs Leber für den gesamten Stoffwechsel sollten Sie die für Ihren Hund geeignete Diät zusammen mit dem Tierarzt ermitteln. Vermutlich wird Ihr Hund von dieser Diät nicht begeistert sein, aber bleiben Sie konsequent! Ist die Leber krank, muß man vermehrt leichtverdauliche Kohlenhydrate füttern.

1. Rezept: Hafer- oder Reisschleim (siehe Seite 61), unter den etwas Traubenzucker gemischt wird.

2. Rezept: Kartoffelpüree, vermischt mit Magerquark und Honig.

3. Rezept: Weizenkeimlinge mit Magerquark und Traubenzucker verrühren, eventuell eine Banane untermischen.

4. Rezept: Kabeljau oder Butt kochen, entgräten und mit Kartoffeln vermischen. Zudem kann man das Trinkwasser mit etwas Traubenzucker anreichern. Und wenn das Zubereiten der Nahrung zu mühsam ist: Inzwischen gibt es auch eine spezielle Leberschonkost für Hunde zu kaufen.

Der zuckerkranke Hund

Eine Erkrankung des endokrinen Teils der Bauchspeicheldrüse führt auch beim Hund, wie beim Menschen, zur Zuckerkrankheit. Normalerweise speichert der Körper Zuckerreserven in Leber und Muskeln, die bei vermehrter Arbeit mobilisiert und dem Körper zugeführt werden. Ist die Bauchspeicheldrüse jedoch erkrankt, kann der Zucker nicht mehr oder nur noch in sehr beschränktem Umfang gespeichert werden.
Wichtigstes Symptom für den Tierbesitzer ist vermehrter Durst und entsprechend vermehrter Harndrang des Tieres. Bei der Untersuchung wird der Tierarzt Zucker im Urin feststellen. Genaue Werte lassen sich aber nur über eine Blutprobe ermitteln.
Zuckerkrankheit ist, genau wie beim Menschen, eine Zivilisationskrankheit und wird in letzter Zeit immer häufiger bei Hunden beobachtet.
In sehr leichten Fällen kann eine konsequente Diät bereits zur Besserung des Leidens führen, in schwereren Fällen muß man dem Hund das nicht oder nur mangelhaft vom Körper produzierte Insulin per Injektion verabreichen.
Meist kommt man um die Insulinspritze zwar nicht herum, man kann aber mit einer konsequenten Diät die Lebenserwartung des Hundes steigern. Auch für diese Fälle gibt es spezielle Dosenkost, die einem das tägliche Kochen erspart.
Bei der Fütterung eines diabeteskranken

Hundes müssen Sie folgende Dinge berücksichtigen:
1. Menge und Art der Futtermittel sollten konstant sein.
2. Das Futter muß kohlenhydratarm sein, da Stärke und Zucker vom Körper nicht mehr im geeigneten Umfang verwertet werden können. Um die Versorgung mit den trotzdem nötigen Ballaststoffen sicherzustellen, verfüttert man schwer resorbierbare Kohlenhydrate, wie sie etwa in Linsen zu finden sind. Gift für den Hund sind alle Leckereien, da sie Zucker enthalten. Eiweiß und – in vernünftigem Maß – Fett kann man dagegen unbesorgt verfüttern.
3. Die tägliche Futtermenge muß auf drei bis vier Portionen verteilt werden, damit es nicht zu einem plötzlichen Anstieg des Blutzuckerspiegels kommt. In diesem Zusammenhang sind auch regelmäßige Fütterungszeiten wichtig.

Diätvorschläge

Der zuckerkranke Hund braucht eine strenge und konsequent durchgehaltene kohlenhydratarme Diät. Am besten hält man sich an Fleisch und Fisch (beides gekocht), Quark, Käse und Eier. Der Fettgehalt der Nahrung sollte nicht zu hoch sein, damit der Hund nicht dick wird, denn nichts ist für Diabetiker schlimmer als Übergewicht.

1. Rezept: Linsen kochen und dazu gekochtes, mageres Rindfleisch geben.

2. Rezept: Etwas nicht zu fetten Käse und gekochte Kartoffeln vermischen.

3. Rezept: Kabeljau oder anderen gekochten und gut entgräteten Fisch zu einer Art Gulasch zusammenkochen und dazu ein kleines Omelett mit ein paar Champignons geben.

4. Rezept: Leberscheiben kochen und mit etwas Reis vermischen.

5. Rezept: Gut gekochtes Schweinefleisch mit weich gekochtem Ei, etwas roher Rinderleber, Hüttenkäse und Haferflocken mischen. Dazu etwas Trockenhefe und Kochsalz. Dem Ganzen noch einen Teelöffel Diabetikerzucker zugeben.

6. Rezept: Einen Gemüseauflauf aus verschiedenen gekochten (der Vitamine wegen nicht zu lange) und abgetropften Gemüse wie Bohnen, Erbsen, Karotten und Chicorée zubereiten; mit ein wenig Käse überbacken.

7. Rezept: Joghurt und Haferflocken mit etwas Apfel und Banane sowie weich gekochtem, klein gehacktem Ei mischen.

8. Rezept: Wildfleisch kochen und kleinschneiden, mit einer Prise Salz würzen.

Erkrankung der Bauchspeicheldrüse

Die Bauchspeicheldrüse produziert zum einen Insulin, zum anderen Verdauungsenzyme, die dem Darm zur Aufschließung der Nahrung zugeführt werden. Ist die Bauchspeicheldrüse erkrankt, kommt es beim Hund zur Abmagerung trotz guten Appetits und zu dem typischen weichen, meist ockerfarbigen, schaumigen, übelriechenden Kot. Der Verdacht auf eine Erkrankung der Bauchspeicheldrüse muß aber im Labor des Tierarztes erst bestätigt werden.

Neben Enzymen, die dann ergänzend gegeben werden müssen, ist natürlich auch eine richtige Diät zur Gesundung oder zur Besserung des Leidens wichtig. Unternimmt man nichts, kann dieses Leiden in kurzer Zeit zum Tode führen, da der Hund buchstäblich verhungert, weil der Körper die Nahrung nicht mehr verwerten kann.

Ist das Organ sehr stark in Mitleidenschaft gezogen, muß das Futter im bereits angedauten Zustand verfüttert werden. In diesem Fall mischt man getrocknetes Pankreasenzym (etwa eine gute Messerspitze auf 150–200 Gramm) unter das Futter. Dann wird die Portion ungefähr vier Stunden bei Zimmertemperatur stehengelassen und kann dann an den Hund verfüttert werden.

Ist die Erkrankung nicht gar so schwerwiegend, reicht es, den Hund mit speziellem Diät-Fertigfutter zu ernähren und zusätzlich Enzymtabletten zu geben.

Das Futter im Falle einer Erkrankung der Bauchspeicheldrüse muß eiweißreich, aber fettarm sein, also sind Magerquark, Eier, etwas Traubenzucker oder Zucker, mageres Rindfleisch, Flocken und ein Vitamin- und Mineralstoffgemisch geeignet. Wichtig ist, daß Fett möglichst vermieden wird, da es dem Hund ja gerade an dem Enzym mangelt, das Fett aufschließt.

Denken Sie auch daran, daß der Hund mehr als üblich fressen muß, damit er sein Gewicht halten kann, denn der Körper kann das Futter nur sehr schlecht auswerten. Das Futter sollte auf drei bis vier Mahlzeiten täglich verteilt werden.

Schonkost bei Herzleiden

Herzleiden kommen zwar häufiger bei älteren Hunden vor, jedoch gibt es sie leider – manchmal sogar vererbt – auch schon bei sehr jungen Hunden.

Leichtere Herzleiden bemerkt der Besitzer meistens gar nicht, es sei denn, er geht mit seinem Hund regelmäßig zur Routineuntersuchung und läßt auch einmal ein EKG machen.

Problematisch wird es dann, wenn das Herz so stark geschädigt ist, daß es nicht mehr die Leistung erbringen kann, die es,

Pudel neigen im Alter besonders häufig zu Herzerkrankungen und brauchen dann eine spezielle Diät.

dem Körper entsprechend, eigentlich erbringen müßte. So wird das Blut nicht mehr in gewohnter Weise aus dem Herzen in die Gefäße und Organe gepumpt und kommt dann natürlich auch nicht mehr in gewohnter Weise zum Herzen zurück. Es kommt zu Blutstauungen in den Gefäßen und – in Folge davon – zum Flüssigkeitsaustritt aus den Gefäßen in die Organe. In der Lunge bildet sich ein Ödem, das im allgemeinen Sprachgebrauch als Wasser in der Lunge bezeichnet wird. Es kommt zur Kurzatmigkeit und zu einem Leistungsabfall, der Hund muß sich öfter ausruhen, und ein typischer Husten tritt auf.
Ähnliches passiert auch in der Bauchhöhle. Es kommt zu einem Blutrückstau zuerst in die Leber, und im Lauf der Zeit tritt ebenfalls Flüssigkeit aus den Gefäßen in die Bauchhöhle aus. Der Bauch wird immer dicker, ohne daß der Hund mehr Kalorien zu sich nähme.

Hier hilft nicht allein die Behandlung mit den entsprechenden Medikamenten, hier ist auch eine kochsalzarme Diät für das Wohlbefinden des Tieres entscheidend. Kochsalzarm deshalb, weil Salz das Wasser vermehrt im Körper hält und bindet, und gerade das will man ja bei herzkranken Hunden vermeiden.
In der folgenden Tabelle sind die Futtermittel, die für herzkranke Tiere geeignet sind – also relativ wenig Kochsalz (Natrium) enthalten –, aufgeführt und den für eine Schonkost bei einem Herzleiden ungeeigneten Futtermitteln gegenübergestellt:

Übersicht über geeignete und ungeeignete Nahrungsmittel für einen herzkranken Hund

Geeignete Nahrungsmittel	*Ungeeignete Nahrungsmittel*
Fleisch (gekocht)	Milch
Gemüse	Brot (besonders dunkles Brot)
Obst	Wurst
Haferflocken	Schinken
Reis	Nieren
Fette	Leber
Kartoffeln	Herz
Quark	Lunge
Eigelb	Käse
Fisch (Kabeljau und Goldbarsch, aber nur gelegentlich!)	Pansen (ungeputzt)
	Käse

Diätvorschläge

Allgemein kann man zur Ernährung eines Hundes mit einem Herzleiden folgende Ratschläge geben:
Die Rationen müssen natrium-, also kochsalzarm und vitaminreich sein und dürfen den Organismus nicht belasten. Deshalb sollte man auch die Tagesration auf mehrere kleine Portionen verteilt verfüttern. (Es gibt übrigens auch natriumarme Fertignahrungsmittel, die man in einem solchen Fall geben kann.)
Kochsalzarm zu kochen hört sich einfach an, ist es aber oft gar nicht. Und wer nicht nur auf die Dose zurückgreifen will, dem gehen oft die Einfälle aus. Hier ein paar Ideen:

Das wichtigste bei chronisch kranken Hunden ist der regelmäßige Besuch beim Tierarzt.

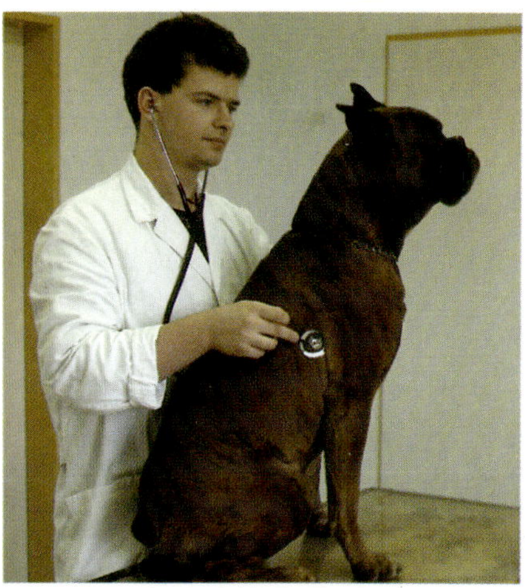

1. Rezept: Gekochtes Puten- oder Hühnerfleisch mit etwas Reis vermischt geben.

2. Rezept: Hammelfleisch, nicht zu fett, kochen oder dünsten und mit Reis oder Haferflocken anreichern.

3. Rezept: Nudeln kochen und in wenig Öl oder Butter schwenken, dazu gibt man kleine, gekochte Fleischstückchen (Hammel oder auch mal Kaninchen).

4. Rezept: Pfannkuchen (siehe Seite 52) in kleine Streifen oder Würfel schneiden und Putenfleisch daruntermengen.

5. Rezept: Einen Gemüseauflauf aus gekochten (der Vitamine wegen nicht zu lange) Kartoffeln, Bohnen, Erbsen, Tomaten usw. zubereiten und mit einem kleinen Stückchen Butter verbessern.

6. Rezept: Fischauflauf aus gekochtem und entgrätetem Goldbarsch und Kabeljau. Das Ganze mit etwas Kartoffeln vermischen und – falls der Hund das frißt – eine kleine Tomate zugeben.

Futtermittelallergien

Auch Hunde können, genau wie Menschen, unter Allergien leiden. Neben Floh-, Pollen- und Stauballergien gibt es auch eine Allergie gegen bestimmte Bestandteile von Futtermitteln. Diese Allergie tritt meist nicht sofort auf, sondern erst, wenn der Hund über zwei Jahre lang das gleiche Futter (etwa Fertignahrung, egal welche) bekommen hat. Die Allergie äußert sich in einem quälenden Juckreiz. Die Hunde kratzen sich am ganzen Körper, besonders stark am Kopf, Bauch und Gliedern.
Besteht der Verdacht auf eine Futtermittelallergie, müssen Sie Ihren Hund über einen Zeitraum von drei Wochen konsequent mit Futtermitteln ernähren, die er vorher nicht zu fressen bekommen hat. Ganz wichtig ist auch, daß er außer dieser Nahrung nichts anderes bekommt, also auch keine Hundekuchen oder Vitamintabletten.
Bewährt hat sich eine »Diät«, die aus Hammelfleisch und gekochtem Reis besteht, das Ganze mit etwas Salz gewürzt und mit Sonnenblumenöl angereichert. Da Hammelfleisch in der Dosennahrung nicht enthalten ist, eignet sich dieses Fleisch besonders. Wenn Ihr Hund dagegen schon immer häufig Hammelfleisch bekommen hat, müssen Sie auf eine andere Fleischsorte ausweichen. Zu trinken gibt es nur Wasser.
Ist der Juckreiz dann verschwunden, geben Sie wieder das übliche Futter und beobachten genau, ob der Juckreiz erneut auftritt. Ist dies der Fall, so haben Sie den Beweis, daß es sich um eine echte Futtermittelallergie handelt. Nun heißt es viel Geduld haben und Schritt für Schritt den Stoff, auf den der Hund allergisch reagiert, herausfinden, indem Sie langsam einmal das eine, einmal das andere Futtermittel wieder dem neutralen Futter zusetzen und darüber genau Buch führen.
Ist dann klar, welcher Stoff (oder Stoffe) die Allergie verursacht, müssen Sie den Hund den Rest seines Lebens entsprechend ernähren.
Vitamine und Mineralstoffe müssen bei einer Futtermittelallergie übrigens in reiner Form zugefüttert werden, denn oft verursacht auch der Trägerstoff, mit dem die Vitamine verabreicht werden, eine Allergie.

Kalorien- und Jouletabellen

Die folgenden Tabellen sollen Ihnen helfen, die Nahrung Ihres Hundes entsprechend seines täglichen Kalorien- bzw. Joulebedarfes zusammenzustellen. Als Faustregel können Sie davon ausgehen, daß ein gesunder, erwachsener Hund ein Futter bekommen soll, das zu einem Drittel aus eiweißreichen Futtermitteln und zu zwei Dritteln aus kohlenhydratreichen Futtermitteln besteht. Bei der Zugabe von Fetten und sonstigen Beigaben müssen Sie den Energiegehalt dieser Futtermittel mit einrechnen.

Eiweißreiche Futtermittel

Fleisch

	kcal pro 100 g	kJ pro 100 g	Bemerkungen
Hammelbrust	306	1280	
Hammelkeule	250	1050	
Hirschfleisch	122	510	
Hühnerbrust	109	460	
Hühnerkeule	120	500	
Kalbfleisch	118	490	
Kaninchen	167	700	
Pferdefleisch	118	490	
Rehkeule	105	440	
Rinderhack	230	963	
Rinderkeule	160	670	
Rinderkopf	334	1400	
Schweinebauch	373	1560	
Schweinekeule	292	1220	
Truthahnbrust (Pute)	115	490	
Truthahnkeule	125	520	

Innereien

		kcal pro 100 g	kJ pro 100 g	Bemerkungen
Darm	(Rind)	136	570	
Euter	(Rind)	153	640	
Herz	(Huhn)	139	580	für kleine Hunde
	(Rind)	133	560	
	(Schwein)	120	500	
Leber	(Huhn)	147	620	für kleine Hunde
	(Kalb)	140	590	
	(Rind)	141	590	
	(Schwein)	147	620	
Lunge	(Kalb)	119	500	
	(Rind)	100	420	
Milz	(Rind)	134	560	
Niere	(Kalb)	137	570	
	(Rind)	122	510	
	(Schwein)	125	520	
Pansen	(geputzt)	131	550	
	(ungeputzt)	160	670	

Fisch

	kcal pro 100 g	kJ pro 100 g	Bemerkungen
Kabeljau	82	340	
Makrele	195	820	
Rotbarsch	114	480	
Schellfisch	80	330	

Eier, Milch und Milchprodukte

	kcal pro 100 g	kJ pro 100 g	Bemerkungen
Ei (Vollei)	ca. 80	ca. 335	Angabe für 1 Ei
Eigelb	377	1580	
Eiklar	54	230	
Joghurt 3,5%	70	293	ohne Zucker
1,5%	50	209	ohne Zucker
Käse (Hartkäse 45%)	418	1750	
(Hüttenkäse)	122	510	
Milch (Vollmilch)	74	310	entspr. 100 ml
(Magermilch)	38	160	entspr. 100 ml
Speisequark (10%)	78	330	
(20%)	116	490	
(40%)	167	700	

Öle und Fette

	kcal pro 100 g	kJ pro 100 g	Bemerkungen
Butter	738	3090	
Lebertran	910	3810	entspr. 100 ml
Leinsamenöl	900	3770	entspr. 100 ml
Margarine	720	3040	
Olivenöl	835	3530	entspr. 100 ml
Schweineschmalz	910	3810	
Sonnenblumenöl	835	3530	entspr. 100 ml

Kohlenhydratreiche Futtermittel

Getreide und Getreideprodukte

	kcal pro 100 g	kJ pro 100 g	Bemerkungen
Brot (Mischbrot) (Vollkornbrot)	258 239	1080 1000	
Gerste (geschrotet)	358	1500	
Haferflocken (roh) (gekocht)	404 411	1690 1720	(besser verwertbar)
Hirse (geschält)	380	1590	
Mais (Flocken) (geschrotet)	406 375	1700 1570	
Reis (poliert) (unpoliert)	368 371	1540 1550	
Weizen (Flocken) (geschrotet) -grieß -keime -kleie	406 373 370 400 331	1700 1560 1550 1670 1380	
Nudeln (gekocht)	69	290	

Obst und Gemüse

	kcal pro 100 g	kJ pro 100 g	Bemerkungen
Apfel	55	230	
Banane	99	410	
Birne	56	230	

	kcal pro 100 g	kJ pro 100 g	Bemerkungen
Bohnen (grün, gekocht)	34	143	
(weiß, trocken)	352	1470	
Champignons (frisch)	25	103	
Chicorée	16	70	
Erbsen (frisch)	87	360	
Grünkohl (roh)	46	190	
Karotten (roh)	40	170	
Kartoffeln (gekocht)	79	330	
Linsen (getrocknet)	354	1480	
Paprika (gekocht)	27	110	
Salat (grüner)	16	70	
Spinat (roh)	27	110	
Tomate (roh)	19	80	
Weintrauben	72	300	

Sonstige Futtermittel und Fertigfutter

	kcal pro 100 g	kJ pro 100 g	Bemerkungen
Dosenvollnahrung	220–230	840–963	
Hefe (Bier-)	81	340	
(Trocken-)	368	1540	

	kcal pro 100 g	kJ pro 100 g	Bemerkungen
Honig	303	1270	
Hundekuchen	310–410	1300–1700	
Trockenfutter	380	1570	
Zucker	394	1649	
(Diabetiker-)	420	1760	
(Trauben-)	365	1527	

Register

Abmagerungsdiät 59 ff.
Ammoniumsteine 66
Aujeszkysche Krankheit 18, 22

Ballaststoffe 16, 21, 27
Blähungen 18
Blättermagen 23
Bohnen 27
Brennwert 10
Buttermilch 26, 62

Därme 23
Darmflora 26, 62
Darmverschluß 29, 30, 62
Diabetes 66, 68 ff.
Diät-Fertigfutter 21 ff.
Dosenfutter 19, 20
Dosenfutter, Haltbarkeit 20
Durchfall 18, 46, 51, 60 ff.

Eier 25
Eiweiß 11, 12, 16, 19
Energiebedarf 9, 10, 11, 33, 34, 37, 43, 50, 51
Energiebedarf, Errechnung des 10
Energiebedarf, hoher 25, 40
Energieträger 11
Entwöhnen, Zeitpunkt der 46
Erbrechen 46, 62 ff.
Ergänzungsfutter 18, 19
Erhaltungsbedarf 44
Ernährung, artgerechte 9
Ernährungsfehler 22, 55
Euter 23

Fastentag 16, 61
Fertignahrung 16, 18 ff., 20
Fett 11, 12, 25
Fettleber 66
Fettsäuren, ungesättigte 25
Fisch 24
Fisch, getrockneter 24
Fleisch 22 ff.
Fleisch, Zubereitung des 22
Fleischbrühe 38
Fleischvergiftung 22
Frischfutter 22
Futtermenge 33, 43, 46, 50
Futtermischungen 21, 37
Futtermittelallergie, Symptome für 73
Futternäpfe 36 ff., 46
Fütterungsregeln 16
Fütterungszeiten 33
Futterverwertung, gute 9, 34, 37
Futterverwertung, schlechte 9, 34, 37

Geflügel 22
Gemüse 26 ff.
Gemüsebrühe 38
Getreideprodukte 26 ff.
Gewürze 31

Haferschleim 61
Halbfeuchtfutter 20
Halbtrockenfutter 20
Hammelfleisch 22
Harnsäuresteine 66
Harnsteine 65 ff.
Haube 23
Hepatitis 66
Herz 24
Herzinsuffizienz 66
Herzleiden, Symptome für 70 ff.
Honig 38
Hundebiskuits 30
Hundekuchen 30
Hundemilch, Zusammensetzung der 50
Hundeschokolade 30
Hündin, säugende 42 ff.
Hündin, trächtige 42 ff.
Hüttenkäse 26

Idealgewicht 33, 34, 37, 59
Innereien 23
Insulin 68, 69, 70

Joghurt 26, 62

Kalbsknochen 46
Kalorienbedarf 10, 35
Kalorientabellen 74 ff.
Karotten 27
Kartoffeln 27
Käse 26
Knoblauch 27
Knochen 28 ff.
Knochenbrühe 38
Knochendeformation 45
Knorpel 46
Kochsalz 16, 22, 56, 60, 71 ff.
Kohlenhydrate 11, 16, 19
Kolostralmilch 48
Kräuter 38

Labmagen 23
Leber 24
Leberentzündung 66
Lebererkrankungen, Symptome für 66 ff.
Lunge 24

Magnesiumsteine 66
Mangelerkrankungen 44
Mangelernährung 16, 29, 55
Mangelerscheinungen 26
Medikamente, Eingabe von 56 ff.
Milch 26, 61, 62
Milchaustauschprodukte 49
Milchersatzprodukte 49
Milchprodukte 25, 43, 61
Milz 24
Mineralstoffe 13, 14, 15, 19, 21, 37
Mineralstoffpräparate 29 ff., 39
Muttermilchersatz 48, 49

Nährstoffe 21
Nahrungsbedarf 9
Nieren 24
Nierenerkrankungen, Symptome für 63
Nierensteine 65 ff.
Nierenversagen 63
Nudeln 27
Nüsse 31

Obst 26 ff.
Öl, pflanzliches 25, 39
Oxalatsteine 66

Pankreasenzym 70
Pansen 23
Pferdefleisch 22
Phosphatsteine 66

Quark 26, 38, 62

Schonkost 63
Schweinefleisch 22
Spurenelemente 15, 37, 38
Stoffwechselerkrankungen 55
Süßigkeiten 30

Tabletten, Eingabe von 56 ff.
Tagesration 33
Tee 61
Trächtigkeit 42 ff.
Trockenfutter 20

Übergewicht 33, 51, 55, 58 ff.
Untergewicht 55
Uratsteine 66

Verstopfung 29, 51, 62 ff.
Vitaminbedarf 14
Vitamine 13, 19, 21, 27, 37, 38
Vitamine, fettlösliche 13
Vitamine, wasserlösliche 13
Vitaminpräparate 29 ff., 39
Vollkornbrot 30
Vollnahrung 19

Wasser 15
Weizenkleie 27
Welpen 45 ff.
Welpen, verwaiste 48
Welpenfutter 45
Wertigkeit, biologische 12, 24, 50
Wild 22
Wolf 7, 8
Wurst 30

Zahnwechsel 46
Zuckerkrankheit, Symptome für 68
Zufütterung 45, 48
Zwiebeln 27

Stand Herbst 1987

Gesamt-Programm

Essen und Trinken

FALKEN EXKLUSIV
Kochen in höchster Vollendung
Aus vier Elementen ist alles zusammengefügt (Theophrast). (4291) Von M. Wissing, M. Kirsch, 160 S., 230 Farbfotos, Leinen geprägt mit Schutzumschlag, im Schuber, **DM 98,–**, S 784.–

Köstliche Suppen
für jede Tages- und Jahreszeit. (5122) Von E. Fuhrmann, 64 S., 38 Farbfotos, 2 Zeichnungen, Pappband. ●●

Was koche ich heute?
Neue Rezepte für Fix-Gerichte. (0608) Von A. Badelt-Vogt, 112 S., 16 Farbtafeln, kart. ●

Kochen für 1 Person
Rationell wirtschaften, abwechslungsreich und schmackhaft zubereiten. (0586) Von M. Nicolin, 136 S., 8 Farbtafeln, 23 Zeichnungen, kart. ●

Schnell und individuell
Die raffinierte Single-Küche
(4266) Von F. Faist, 160 S., 151 Farbfotos, Pappband. ●●●

Gesunde Kost aus dem Römertopf
(0442) Von J. Kramer, 128 S., 8 Farbtafeln, 13 Zeichnungen, kart. ●

FALKEN-FEINSCHMECKER
Pasta in Höchstform
Nudeln
(0884) Von M. Kirsch, 64 S., 62 Farbfotos, Pappband. ●

Nudelgerichte
– lecker, locker, leicht zu kochen. (0466) Von C. Stephan, 80 S., 8 Farbtafeln, kart. ●

Lieblingsrezepte
Phantasievoll zubereitet und originell dekoriert. (4234) Hrsg. P. Diller, 160 S., 120 Farbfotos, 34 Zeichnungen, Pappband. ●●●

FALKEN-FEINSCHMECKER
In Hülle und Fülle
Pasteten und Terrinen
(0883) Von M. Kirsch, 48 S., 62 Farbfotos, Pappband. ●

FALKEN-FEINSCHMECKER
Spezialitäten unter knuspriger Decke
Aufläufe
(0882) Von C. Adam, 48 S., 33 Farbfotos, Pappband. ●

Die besten Eintöpfe und Aufläufe
Das Beste aus den Kochtöpfen der Welt (5079) Von A. und G. Eckert, 64 S., 50 Farbfotos, Pappband. ●●

FALKEN-FEINSCHMECKER
Herzhaftes für Leib und Seele
Eintöpfe
(0820) Von P. Klein, 48 S., 30 Farbfotos, Pappband. ●

Schnell und gut gekocht
Die tollsten Rezepte für den Schnellkochtopf. (0265) Von J. Ley, 96 S., 8 Farbtafeln, kart. ●

Kochen und backen im Heißluftherd
Vorteile, Gebrauchsanleitung, Rezepte. (0516) Von K. Kölner, 72 S., 8 Farbtafeln, kart. ●

Zaubern mit der schnellen Welle
Die neue Mikrowellenküche
(4289) Von F. Faist, 208 S., 188 Farbfotos, Pappband. ●●●

Das neue Mikrowellen-Kochbuch
(0434) Von H. Neu, 64 S., 4 Farbtafeln, 16 s/w Zeichnungen, kart. ●

Ganz und gar mit Mikrowellen
(4094) Von T. Peters, 208 S., 24 Farbfotos, 12 Zeichnungen, kart. ●●●

FALKEN-FEINSCHMECKER
Schnell auf den Tisch gezaubert
Kochen mit Mikrowellen
(0818) Von A. Danner, 64 S., 52 Farbfotos, Pappband. ●

Marmeladen, Gelees und Konfitüren
Köstlich wie zu Omas Zeiten – einfach selbstgemacht. (0720) Von M. Gutta, 32 S., 23 Farbfotos, 1 Zeichnung, Pappband. ●

Einkochen
nach allen Regeln der Kunst. (0405) Von B. Müller, 128 S., 8 Farbtafeln, kart. ●

Einkochen, Einlegen, Einfrieren
(4055) Von B. Müller, 152 S., 27 s/w.-Abb., kart. ●●

FALKEN-FEINSCHMECKER
Goldbraun und knusprig
Fritierte Leckerbissen
(0868) Von F. Faist, 64 S., 47 Farbfotos, Pappband. ●

Das neue Fritieren
geruchlos, schmackhaft und gesund. (0365) Von P. Kühne, 96 S., 8 Farbtafeln, kart. ●

FALKEN-FEINSCHMECKER
Die Krönung der feinen Küche
Saucen
(0817) Von G. Cavestri, 48 S., 40 Farbfotos, Pappband. ●

FALKEN-FEINSCHMECKER
Edler Kern in harter Schale
Meeresfrüchte
(0886) Von L. Grieser, 48 S., 52 Farbfotos, Pappband. ●

FALKEN-FEINSCHMECKER
Von Tatar und falschen Hasen
Hackfleisch
(0866) Von A. und G. Eckert, 64 S., 42 Farbfotos, Pappband. ●

Mehr Freude und Erfolg beim **Grillen**
(4141) Von A. Berliner, 160 S., 147 Farbfotos, 10 farbige Zeichnungen, Pappband. ●●●

Grillen
Fleisch · Fisch · Beilagen · Soßen. (5001) Von E. Fuhrmann, 64 S., 38 Farbfotos, Pappband. ●●

Chinesisch kochen
mit dem Wok-Topf und dem Mongolen-Topf. (0557) Von C. Korn, 64 S., 8 Farbtafeln, kart. ●

Schlemmerreise durch die
Chinesische Küche
(4184) Von Kuo Huey Jen, 160 S., 117 Farbfotos, Pappband. ●●●

Nordische Küche
Speisen und Getränke von der Küste. (5082) Von J. Kürtz, 64 S., 44 Farbfotos, Pappband. ●●

Deutsche Küche
Schmackhafte Gerichte von der Nordsee bis zu den Alpen. (5025) Von E. Fuhrmann, 64 S., 52 Farbfotos, Pappband. ●●

Essen in Hessen
Spezialitäten zwischen Schwalm und Odenwald. (0837) Von R. Witt, 120 S., 10 s/w-Zeichnungen, Pappband. ●●

Französisch kochen
Eine kulinarische Reise durch Frankreich. (5016) Von M. Gutta, 64 S., 35 Farbfotos, Pappband. ●●

Französische Küche
(0685) Von M. Gutta, 96 S., 16 Farbtafeln, kart. ●

Französische Spezialitäten aus dem Backofen
Herzhafte Tartes und Quiches mit Fleisch, Fisch, Gemüse und Käse (5146) Von P. Klein, 64 S., 43 Farbfotos, Pappband. ●●

FALKEN-FEINSCHMECKER
Aus lauter Lust und Liebe
Knoblauch
(0867) Von L. Reinirkens, 64 S., 45 Farbfotos, Pappband. ●

Kochen und würzen mit **Knoblauch**
(0725) Von A. und G. Eckert, 96 S., 8 Farbtafeln, kart. ●

Schlemmerreise durch die
Italienische Küche
(4172) Von V. Pifferi, 160 S., 109 Farbfotos, Pappband. ●●●

Pizza, Pasta und die feine italienische Küche
(4270) Von R. Rudatis, 120 S., 255 Farbfotos, Pappband. ●●

Italienische Küche
Ein kulinarischer Streifzug mit regionalen Spezialitäten. (5026) Von M. Gutta, 64 S., 35 Farbfotos, Pappband. ●●

Köstliche Pizzas, Toasts, Pasteten
Schmackhafte Gerichte schnell zubereitet. (5081) Von A. und G. Eckert, 64 S., 46 Farbfotos, Pappband. ●●

FALKEN-FEINSCHMECKER
Schlemmen wie bei Mamma Maria
Pizzas
(0815) Von F. Faist, 64 S., 62 Farbfotos, Pappband. ●

Köstliche Pilzgerichte
Tips und Rezepte für die häufigsten Pilzgattungen. (5133) Von V. Spicker-Noack, M. Knoop, 64 S., 52 Farbfotos, Pappband. ●●

Köstliche Fondues
mit Fleisch, Geflügel, Fisch, Käse, Gemüse und Süßem. (5006) Von E. Fuhrmann, 64 S., 50 Farbfotos, Pappband. ●●

Fondues
und fritierte Leckerbissen. (0471) Von S. Stein, 96 S., 8 Farbtafeln, kart. ●

Fondues · Raclettes · Flambiertes
(4081) Von R. Peiler und M.-L. Schult, 136 S., 15 Farbtafeln, 28 Zeichnungen, kart. ●●

Neue, raffinierte Rezepte mit dem Raclette-Grill
(0558) Von L. Helger, 56 S., 8 Farbtafeln, kart. ●

Die hier vorgestellten Bücher, Videokassetten und Software sind in folgende Preisgruppen unterteilt:

● Preisgruppe bis DM 10,–/S 79,–
●● Preisgruppe über DM 10,– bis DM 20,– S 80,– bis S 160,–
●●● Preisgruppe über DM 20,– bis DM 30,– S 161,– bis S 240,–
●●●● Preisgruppe über DM 30,– bis DM 50,– S 241,– bis S 400,–
●●●●● Preisgruppe über DM 50,–/S 401,–
*(unverbindliche Preisempfehlung)

FALKEN VERLAG

Rezepte rund um Raclette und Doppeldecker
(0420) Von J. W. Hochscheid, 72 S., 8 Farbtafeln, kart. ●

Fondues und Raclettes
(4253) Von F. Faist, 160 S., 125 Farbfotos, Pappband. ●●●

FALKEN-FEINSCHMECKER
Schmelzendes Käsevergnügen
Raclette
(0881) Von F. Faist, 48 S., 33 Farbfotos, Pappband. ●

Kulinarischer Feuerzauber
Flambieren
(4294) Von R. Wesseler, 120 S., 100 Farbfotos, Pappband. ●●●

Kochen und würzen mit
Paprika
(0792) Von A. und G. Eckert, 88 S., 8 Farbtafeln, kart. ●

Kleine Kalte Küche
für Alltag und Feste. (5097) Von A. und G. Eckert, 64 S., 45 Farbfotos, Pappband. ●●

Kalte Platten – Kalte Büfetts
rustikal bis raffiniert. (5015) Von M. Gutta, 64 S., 34 Farbfotos, Pappband. ●●

Kalte Happen und Partysnacks
Canapés, Sandwiches, Pastetchen, Salate und Suppen. (5029) Von D. Peters, 64 S., 44 Farbfotos, Pappband. ●●

Garnieren und Verzieren
(4236) Von R. Biller, 160 S., 329 Farbfotos, 57 Zeichnungen, Pappband. ●●●

Desserts
Puddings, Joghurts, Fruchtsalate, Eis, Gebäck, Getränke. (5020) Von M. Gutta, 64 S., 41 Farbfotos, Pappband. ●●

FALKEN-FEINSCHMECKER
Süße Verführungen
Desserts
(0885) Von M. Bacher, 64 S., 75 Farbfotos, Pappband. ●

FALKEN-FEINSCHMECKER
Süße Geheimnisse eiskalt gelüftet
Eis und Sorbets
(0870) Von H. W. Liebheit, 48 S., 38 Farbfotos, Pappband. ●

Crêpes, Omeletts und Soufflés
Pikante und süße Spezialitäten. (5131) Von J. Rosenkranz, 64 S., 45 Farbfotos, Pappband. ●●

Kuchen und Torten
Die besten und beliebtesten Rezepte. (5067) Von M. Sauerborn, 64 S., 79 Farbfotos, Pappband. ●●

Tortenträume und Kuchenfantasien
Gebackene Köstlichkeiten originell dekoriert und verziert. (0823) Von F. Faist, 80 S., 150 Farbfotos, kart. ●●

Backen mit Lust und Liebe
(4284) Von M. Schumacher, R. Krake, 242 S., 348 Farbfotos, 18 farb. Vignetten, 3 vierseitige Ausklapptafeln, Pappband. ●●●●

Schönes Hobby Backen
Erprobte Rezepte mit modernen Backformen. (0451) Von E. Blome, 96 S., 8 Farbtafeln, kart. ●

Backen, was allen schmeckt
Kuchen, Torten, Gebäck und Brot. (4166) Von E. Blome, 556 S., 40 Farbtafeln, Pappband. ●●●

Meine Vollkornbackstube
Brot · Kuchen · Aufläufe. (0616) Von R. Raffelt, 96 S., 4 Farbtafeln, 12 Zeichnungen, kart. ●

FALKEN-FEINSCHMECKER
Mit Körnern, Zimt und Mandelkern
Vollkorngebäck
(0816) Von M. Bustorf-Hirsch, 48 S., 39 Farbfotos, Pappband. ●

Biologisch Backen
Neue Rezeptideen für Kuchen, Brote, Kleingebäck aus vollem Korn. (4174) Von M. Bustorf-Hirsch, 136 S., 15 Farbtafeln, 47 Zeichnungen, kart. ●●

Selbst Brotbacken
Über 50 erprobte Rezepte. (0370) Von J. Schiermann, 80 S., 6 Zeichnungen, 4 Farbtafeln, kart. ●

Mehr Freude und Erfolg beim
Brotbacken
(4148) Von A. und G. Eckert, 160 S., 177 Farbfotos, Pappband. ●●●

Brotspezialitäten
knusprig backen – herzhaft kochen. (5088) Von J. W. Hochscheid und L. Helger, 64 S., 48 Farbfotos, Pappband. ●●

Weihnachtsbäckerei
Köstliche Plätzchen, Stollen, Honigkuchen und Festtagstorten. (0682) Von M. Sauerborn, 32 S., 36 Farbfotos, Pappband. ●

Waffeln
süß und pikant. (0522) Von C. Stephan, 64 S., 8 Farbtafeln, kart. ●

Kochen für Diabetiker
Gesund und schmackhaft für die ganze Familie. (4132) Von M. Toeller, W. Schumacher, A. C. Groote, 224 S., 109 Farbfotos, 94 Zeichnungen, Pappband. ●●●

Neue Rezepte für Diabetiker-Diät
Vollwertig – abwechslungsreich – kalorienarm. (0418) Von M. Oehlrich, 120 S., 8 Farbtafeln, kart. ●

Wer schlank ist, lebt gesünder
Tips und Rezepte zum Schlankwerden und -bleiben. (0562) Von R. Mainer, 80 S., 8 Farbtafeln, kart. ●

SLIM
Der neue, individuelle Schlankheitsplan (4277) Von Prof. Dr. E. Menden, W. Aign, 120 S., 440 Farbfotos, Pappband. ●●●

Kalorien – Joule
Eiweiß · Fett · Kohlenhydrate tabellarisch nach gebräuchlichen Mengen. (0374) Von M. Bormio, 88 S., kart. ●

Alles mit Joghurt
tagfrisch selbstgemacht. Mit vielen Rezepten. (0382) Von G. Volz, 88 S., 8 Farbtafeln, kart. ●

Gesund leben – schlank werden mit der
Bio-Kur
(0657) Von S. Winter, 144 S., 4 Farbtafeln, kart. ●

FALKEN-FEINSCHMECKER
Raffiniert und gesund würzen
Kräuterküche
(0869) Von A. Görgens, 48 S.,43 Farbfotos, Pappband. ●

Miekes Kräuter- und Gewürzkochbuch
(0323) Von I. Persy und K. Mieke, 96 S., 8 Farbtafeln, kart. ●

Das köstliche knackige Schlemmervergnügen.
Salate
(4165) Von V. Müller, 160 S., 80 Farbfotos, Pappband. ●●●

111 köstliche Salate
Erprobte Rezepte mit Pfiff. (0222) Von C. Schönherr, 96 S., 8 Farbtafeln, 30 Zeichnungen, kart. ●

FALKEN-FEINSCHMECKER
Köstlich frisch auf den Tisch
Rohkostsalate
(0865) Von C. Adam, 48 S., 26 Farbfotos, Pappband. ●

Joghurt, Quark, Käse und Butter
Schmackhaftes aus Milch hausgemacht. (0739) Von M. Bustorf-Hirsch, 32 S., 59 Farbabb., Pappband. ●

Optimale Ernährung
für Krafttraining und Bodybuilding (0912) Von B. Dahmen, 88 S., 8 Farbtafeln, 8 Zeichnungen, kart. ●

Die abwechslungsreiche Vollwertküche
Vitaminreich und naturbelassen kochen und backen. (4229) Von M. Bustorf-Hirsch, K. Siegel, 280 S., 31 Farbtafeln, 78 Zeichnungen, Pappband. ●●●●

Die feine Vollwertküche
(4286) Von M. Bustorf-Hirsch, 160 S., 83 Farbfotos, Pappband. ●●●

Meine Vollkornküche
Herzhaftes von echtem Schrot und Korn (0858) Von S. Walz, 128 S., 8 Farbtafeln, kart. ●

Alternativ essen
Die gesunde Sojaküche.
(0553) Von U. Kolster, 112 S., 8 Farbtafeln, kart. ●

Kochen mit Tofu
Die gesunde Alternative. (0894) Von U. Kolster, 80 S., 8 Farbtafeln, kart. ●

Das Reformhaus-Kochbuch
Gesunde Ernährung mit hochwertigen Naturprodukten. (4180) Von A. und G. Eckert, 160 S. 15 Farbtafeln, Pappband. ●●●

Gesund kochen mit Keimen und Sprossen
(0794) Von M. Bustorf-Hirsch, 104 S., 8 Farbtafeln, 13 s/w-Zeichnungen, kart. ●

Die feine Vegetarische Küche
(4235) Von F. Faist, 160 S., 191 Farbfotos, Pappband. ●●●

Biologische Ernährung
für eine natürliche und gesunde Lebensweise. (4125) Von G. Leibold, 136 S., 15 Farbtafeln, 47 Zeichnungen, kart. ●●

Gesunde Ernährung für mein Kind
(0776) Von M. Bustorf-Hirsch, 96 S., 8 Farbtafeln, 5 s/w Zeichnungen, kart. ●

Vitaminreich und naturbelassen
Biologisch Kochen
(4162) Von M. Bustorf-Hirsch und K. Siegel, 144 S., 15 Farbtafeln, 31 Zeichnungen, kart. ●●

Gesund kochen
wasserarm · fettfrei · aromatisch. (4060) Von M. Gutta, 240 S., 16 Farbtafeln, Pappband. ●●●

Kräuter- und Heilpflanzen-Kochbuch
für eine gesunde Lebensweise. (4066) Von P. Pervenche, 143 S., 15 Farbtafeln, kart. ●●

Pralinen und Konfekt
Kleine Köstlichkeiten selbstgemacht. (0731) Von H. Engelke, 32 S., 57 Farbfotos, Pappband. ●

Die hier vorgestellten Bücher, Videokassetten und Software sind in folgende Preisgruppen unterteilt:

● Preisgruppe bis DM 10,–/S 79,–
●● Preisgruppe über DM 10,– bis DM 20,– S 80,– bis S 160,–
●●● Preisgruppe über DM 20,– bis DM 30,– S 161,– bis S 240,–
●●●● Preisgruppe über DM 30,– bis DM 50,– S 241,– bis S 400,–
●●●●● Preisgruppe über DM 50,–/S 401,–
*(unverbindliche Preisempfehlung)

FALKEN VERLAG

Die Preise entsprechen dem Status beim Druck dieses

FALKEN-FEINSCHMECKER
Zart schmelzende Versuchungen
Schokolade
(0819) Von J. Schroer, 48 S., 53 Farbfotos, Pappband. ●

Köstlichkeiten für Gäste und Feste
Kalte Platten
(4200) Von I. Pfliegner, 160 S., 130 Farbfotos, Pappband. ●●●

Kochen für Gäste
Köstliche Menüs mit Liebe zubereitet. (5149) Von R. Wesseler, 64 S., 40 Farbfotos, Pappband. ●●

Das richtige Frühstück
Gesunde Vollwertkost vitaminreich und naturbelassen.
(0784) Von C. Kratzel und R. Böll, 32 S., 28 Farbfotos, Pappband. ●

Bocuse à la carte
Französisch kochen mit dem Meister. (4237) Von P. Bocuse, 88 S., 218 Farbfotos, Pappband. ●●

Kochschule mit Paul Bocuse
(6016/VHS, 6017/Video 2000, 6018/Beta), 60 Min. in Farbe. ●●●●●*

Natursammlers Kochbuch
Wildfrüchte und Gemüse, Pilze, Kräuter – finden und zubereiten. (4040) Von C. M. Kerler, 140 S., 12 Farbtafeln, kart. ●●

Cocktails
(4267) Von W. R. Hoffmann, W. Hubert, U. Lottring, 160 S., 104 Farbfotos, 1 s/w-Foto, Pappband. ●●●

Neue Cocktails und Drinks
mit und ohne Alkohol. (0517) Von S. Späth, 128 S., 4 Farbtafeln, kart., ●

Mixgetränke
mit und ohne Alkohol (5017) Von C. Arius, 64 S., 35 Farbfotos, Pappband. ●●

Cocktails und Mixereien
für häusliche Feste und Feiern. (0075) Von J. Walker, 96 S., 4 Farbtafeln, kart. ●

Die besten Punsche, Grogs und Bowlen
(0575) Von F. Dingden, 64 S., 4 Farbtafeln, kart. ●

Weine und Säfte, Liköre und Sekt
selbstgemacht. (0702) Von P. Arauner, 232 S., 76 Abb., kart. ●●

Mitbringsel aus meiner Küche
selbst gemacht und liebevoll verpackt. (0668) Von C. Schönherr, 32 S., 30 Farbfotos, Pappband. ●

Weinlexikon
Wissenswertes über die Weine der Welt. (4149) Von U. Keller, 228 S., 6 Farbtafeln, 395 s/w-Fotos, Pappband. ●●●

Heißgeliebter Tee
Sorten, Rezepte und Geschichten. (4114) Von C. Maronde, 153 S., 16 Farbtafeln, 93 Zeichnungen, Pappband. ●●●

Tee für Genießer.
Sorten · Riten · Rezepte. (0356) Von M. Nicolin, 64 S., 4 Farbtafeln, kart. ●

Tee
Herkunft · Mischungen · Rezepte. (0515) Von S. Ruske, 96 S., 4 Farbtafeln, 16 s/w-Abbildungen, Pappband. ●

Kinder lernen spielend backen
(5110) Von M. Gutta, 64 S., 45 Farbfotos, Pappband. ●●

Kinder lernen spielend kochen
Lieblingsgerichte mit viel Spaß selbst zubereitet (5096) Von M. Gutta, 64 S., 45 Farbfotos, Pappband. ●●

Komm, koch mit mir
Kunterbuntes Kochvergnügen für Kinder. (4285) Von S. und H. Theilig, Illustrationen von B. v. Hayek, 96 S., 48 Farbfotos, 350 Farb- und 1 s/w-Zeichnung, Pappband. ●●

Hobby

Aquarellmalerei
als Kunst und Hobby. (4147) Von H. Haack und B. Wersche, 136 S., 62 Farbfotos, 119 Zeichnungen, Pappband. ●●●●

Aquarellmalerei
Materialien · Techniken · Motive. (5099) Von T. Hinz, 64 S., 79 Farbfotos, Pappband. ●●

Hobby Aquarellmalen
Landschaft und Stilleben
(0876) Von I. Schade, A. Brück, 80 S., 111 Farbabbildungen, kart. ●●

Videokassette
Hobby Aquarellmalen
Landschaft und Stilleben (6022/VHS) ca. 40 Min., in Farbe. ●●●●*

Aquarellmalerei leicht gelernt
Materialien · Techniken · Motive. (0787) Von T. Hinz, R. Braun, B. Zeidler, 32 S., 38 Farbfotos, 1 Zeichnung. ●

Aquarellieren auf Seide
Materialien · Techniken · Motive. (0917) Von I. Demharter, 32 S., 41 Farbfotos, Pappband. ●

Hobby Ölmalerei
Landschaft und Stilleben
(0875) Von H. Kämper, I. Becker, 80 S., 93 Farbabb., kart. ●●

Videokassette
Hobby Ölmalerei
Landschaft und Stilleben (6025/VHS) ca. 40 Min., in Farbe. ●●●●*

Falken-Handbuch
Zeichnen und Malen
(4167) Von B. Bagnall, 336 S., 1154 Farbabb., Pappband. ●●●●●

Naive Malerei
Materialien · Motive · Techniken. (5083) Von F. Krettek, 64 S., 76 Farbfotos, Pappband. ●●

Bauernmalerei
als Kunst und Hobby. (4057) Von A. Gast und H. Stegmüller, 128 S., 239 Farbfotos, 26 Riß-Zeichnungen, Pappband. ●●●●

Hobby Bauernmalerei
(0436) Von S. Ramos und J. Roszak, 80 S., 116 Farbfotos und 28 Motivvorlagen, kart. ●●

Bauernmalerei
Kreatives Hobby nach alter Volkskunst (5039) Von S. Ramos, 64 S., 85 Farbfotos, Pappband. ●●

Glasmalerei
als Kunst und Hobby. (4088) Von F. Krettek und S. Beeh-Lustenberger, 132 S., 182 Farbfotos, 38 Motivvorlagen, Pappband. ●●●●

Naive Hinterglasmalerei
Materialien · Techniken · Bildvorlagen (5145) Von F. Krettek, 64 S., 87 Farbfotos, 6 Zeichnungen, Pappband. ●●

Kalligraphie
Die Kunst des schönen Schreibens (4263) Von C. Hartmann, 120 S., 44 Farbvorlagen, 29 s/w-Vorlagen, 2 s/w-Zeichnungen, 38 Farbfotos, Pappband. ●●●●

Seidenmalerei als Kunst und Hobby
(4264) Von S. Hahn, 136 S., 256 Farbfotos, 1 s/w-Foto, 34 Farbzeichnungen, Pappband. ●●●●

Kunstvolle Seidenmalerei
Mit zauberhaften Ideen zum Nachgestalten. (0783) Von I. Demharter, 32 S., 56 Farbfotos, Pappband. ●

Zauberhafte Seidenmalerei
Materialien · Techniken · Gestaltungsvorschläge. (0664) Von E. Dorn, 32 S., 62 Farbfotos, Pappband. ●

Hobby Seidenmalerei
(0611) Von R. Henge, 88 S., 106 Farbfotos, 28 Zeichnungen, kart. ●●

Hobby Stoffdruck und Stoffmalerei
(0555) Von A. Ursin, 80 S., 68 Farbfotos, 68 Zeichnungen, kart. ●●

Stoffmalerei und Stoffdruck
Materialien · Techniken · Ideen · Modelle (5074) Von H. Gehring, 64 S., 110 Farbfotos, Pappband. ●●

Batik
leicht gemacht. Materialien · Färbetechniken · Gestaltungsideen. (5112) Von A. Gast, 64 S., 105 Farbfotos, Pappband. ●●

Textilfärben
Färben so einfach wie Waschen. (0693) Von W. Siegrist, P. Schärli, 32 S., 47 Farbfotos, 3 Zeichnungen, Spiralbindung. ●

Kreatives Bilderweben
Materialien – Vorlagen – Motive
(0814) Von A. Schulte-Huxel, 32 S., 58 Farbfotos, 8 Zeichnungen, Pappband. ●

Hobby Applikationen
Materialien · Techniken · Modelle. (0899) Von H. Probst-Reinhardt, 80 S., 92 Farbfotos, 31 Zeichnungen, kart. ●●

Flechten
mit Bast, Stroh und Peddigrohr. (5098) Von H. Hangleiter, 64 S., 47 Farbfotos, 76 Zeichnungen, Pappband. ●●

Makramee
Knüpfarbeiten leicht gemacht. (5075) Von B. Pröttel, 64 S., 95 Farbfotos, Pappband. ●●

Falken-Handbuch
Nähen
Abc der Nähtechniken und kreative Modellschneiderei in ausführlichen Schritt-für-Schritt-Bildfolgen.
(4272) Von A. Bree, 320 S., 1142 Abbildungen, Schnittmusterbogen für alle Modelle, Pappband. ●●●●

Falken-Handbuch
Häkeln
ABC der Häkeltechniken und Häkelmuster in ausführlichen Schritt-für-Schritt-Bildfolgen. (4194) Von H. Fuchs, M. Natter, 288 S., 597 Farbfotos, 476 farbige Zeichnungen. Pappband. ●●●●

Häkeln
Schritt für Schritt für Rechts- und Linkshänder. (5134) Von H. Klaus, 64 S., 120 Farbfotos, 144 Zeichnungen, Pappband. ●●

Klöppeln
Schritt für Schritt leicht gelernt. (0788) Von U. Seiffer, 32 S., 42 Farb-, 1 s/w-Foto, 25 Zeichnungen, mit Klöppelbriefen, Pappband. ●

Sticken
Schritt für Schritt für Rechts- und Linkshänder. (5135) Von U. Werner, 64 S., 196 Farbfotos, 96 Zeichnungen, Pappband. ●●

Die hier vorgestellten Bücher, Videokassetten und Software sind in folgende Preisgruppen unterteilt:

● Preisgruppe bis DM 10,–/S 79,–
●● Preisgruppe über DM 10,– bis DM 20,– S 80,– bis S 160,–
●●● Preisgruppe über DM 20,– bis DM 30,– S 161,– bis S 240,–
●●●● Preisgruppe über DM 30,– bis DM 50,– S 241,– bis S 400,–
●●●●● Preisgruppe über DM 50,–/S 401,–
*(unverbindliche Preisempfehlung)

FALKEN VERLAG

Monogrammstickerei
Mit Vorlagen für Initialen, Vignetten und Ornamente. (5148) Von H. Fuchs, 64 S., 50 Farbfotos, 50 Zeichnungen, Pappband. ●●

Falken-Handbuch
Stricken
ABC der Stricktechniken und Strickmuster in ausführlichen Schritt-für-Schritt-Bildfolgen. (4137) Von M. Natter, 312 S., 106 Farb- und 922 s/w-Fotos, 318 Zeichnungen, Pappband. ●●●●

Bestrickend schöne Ideen
Pullover, Westen, Ensembles, Jacken
(4178) Von R. Weber, 208 S., 220 Farbfotos, 358 Zeichnungen, Pappband. ●●●

Chic in Strick
Neue Pullover
Westen · Jacken · Kleider · Ensembles. (4224) Hrsg. R. Weber, 192 S., 255 Farbabb., Pappband. ●●●

Das moderne Standardwerk von der Expertin
Perfekt Stricken
Mit Sonderteil Häkeln
(4250) Von H. Jaacks, 256 S., 703 Farbfotos, 169 Farb- und 121 s/w-Zeichnungen, Pappband. ●●●

Videokassette Stricken
(6007/VHS, 6008/Video 2000, 6009/Beta). Von P. Krolikowski-Habicht, H. Jaacks, 51 Min., in Farbe. ●●●●*

Stricken
Schritt für Schritt für Rechts- und Linkshänder. (5142) Von S. Oelwein-Schefczik, 64 S., 148 Farbfotos, 173 Zeichnungen, Pappband. ●●

Die schönsten Handarbeiten zum Verschenken
(4225) Von B. Wenzelburger, 128 S., 156 Farbfotos, 70 2-farbige Zeichnungen, Pappband. ●●●●

Kuscheltiere stricken und häkeln
Arbeitsanleitungen und Modelle. (0734) Von B. Wehrle, 32 S., 60 Farbfotos, 28 Zeichnungen, Spiralbindung. ●

Hobby Patchwork und Quilten
(0768) Von B. Staub-Wachsmuth, 80 S., 108 Farbabb., 43 Zeichnungen, kart. ●●

Hobby Spitzencollagen
Bezaubernde Motive aus edlem Material. (0847) Von H. Westphal, 80 S., 186 Farbfotos, kart. ●●

Textiles Gestalten
Weben, Knüpfen, Batiken, Sticken, Objekte und Strukturen. (5123) Von J. Fricke, 136 S., 67 Farb- und 189 s/w-Fotos, 15 Zeichnungen, kart. ●●

Gestalten mit Glasperlen
fädeln · sticken · weben (0640) Von A. Köhler, 32 S., 55 Farbfotos, Spiralbindung. ●

Schmuck, Accessoires und Dekoratives
aus Fimo modelliert
(0873) Von A. Aurich, 32 S., 54 Farbfotos, Pappband. ●

Phantasievolles Schminken
Verzauberte Gesichter für Maskeraden, Laienspiel und Kinderfeste. (0907) Hrsg. von Y. u. H. Nadolny, 64 S., 227 Farbfotos, kart. ●●

Neue zauberhafte Salzteig-Ideen
(0719) Von I. Kiskalt, 80 S., 324 Farbfotos, 12 Zeichnungen, kart. ●●

Hobby Salzteig
(0662) Von I. Kiskalt, 80 S., 150 Farbfotos, 5 Zeichnungen, Schablonen, kart. ●●

Gestalten mit Salzteig
formen · bemalen · lackieren. (0613) Von W.-U. Cropp, 32 S., 56 Farbfotos, 17 Zeichnungen, Pappband. ●

Originell und dekorativ
Salzteig mit Naturmaterialien
(0833) Von A. und H. Wegener, 80 S., 166 Farbfotos, kart. ●●

Buntbemalte Kunstwerke aus Salzteig
Figuren, Landschaften und Wandbilder. (5141) Von G. Belli, 64 S., 165 Farbfotos, 1 Zeichnung, Pappband. ●●

Kreatives Gestalten mit Salzteig
Originelle Motive für Fortgeschrittene. (0769) Hrsg. I. Kiskalt, 80 S., 168 Farbfotos, kart. ●●

Videokassette Salzteig
(6010/VHS, 6011/Video 2000, 6012/Beta) Von I. Kiskalt, Dr. A. Teuchert, in Farbe, ca. 35 Min. ●●●●●*

Tiffany-Spiegel selbermachen
Materialien · Arbeitsanleitung · Vorlagen. (0761) Von R. Thomas, 32 S., 53 Farbfotos, Pappband. ●

Tiffany-Schmuck selbermachen
Materialien · Arbeitsanleitungen · Modelle. (0871) Von B. Poludniak, H. W. Scheib, 32 S., 54 Farbfotos, 3 Zeichnungen, Pappband. ●

Tiffany-Lampen selbermachen
Arbeitsanleitung · Materialien · Modelle. (0684) Von I. Spliethoff, 32 S., 60 Farbfotos, Pappband. ●

Hobby Glaskunst in Tiffany-Technik
(0781) Von N. Köppel, 80 S., 194 Farbfotos, 6 s/w-Abb., kart., ●●

Origami –
Die Kunst des Papierfaltens. (0280) Von R. Harbin, 160 S., 633 Zeichnungen, kart. ●

Hobby Origami
Papierfalten für groß und klein. (0756) Von Z. Aytüre-Scheele, 88 S., über 800 Farbfotos, kart. ●●

Neue zauberhafte Origami-Ideen
Papierfalten für groß und klein. (0805) Von Z. Aytüre-Scheele, 80 S., 720 Farbfotos, kart. ●●

Weihnachtsbasteleien
(0667) Von M. Kühnle und S. Beck, 32 S., 56 Farbfotos, 6 Zeichnungen, Pappband. ●

Bastelspaß mit der Laubsäge
Mit Schnittmusterbogen für viele Modelle in Originalgröße. (0741) Von L. Giesche, M. Bausch, 32 S., 61 Farbfotos, 7 Zeichnungen, Schnittmusterbogen, Pappband. ●

Hobby Drachen
bauen und steigen lassen.
(0767) Von W. Schimmelpfennig, 80 S., 1 dreiseitige Ausklapptafel, 55 Farbfotos, 139 Zeichnungen, kart. ●●

Falken-Heimwerker-Praxis
Tapezieren
(0743) Von W. Nitschke, 112 S., 186 Farbfotos, 9 Zeichnungen, kart. ●●

Falken-Heimwerker-Praxis
Anstreichen und Lackieren
(0771) Von P. Müller, 120 S., 186 Farbfotos, 2 s/w Fotos, 3 Zeichnungen, kart. ●●

Falken-Heimwerker-Praxis
Fahrrad-Reparaturen
(0796) Von R. van der Plas, 112 S., 140 Farbfotos, 113 farbige Zeichnungen, kart. ●●

Falken-Heimwerker-Praxis
Kleinmöbel aus Holz
(0905) Von O. Maier, 128 S., 210 Farbfotos, 80 Zeichnungen, kart. ●●

Falken-Handbuch
Heimwerken
Reparieren und Selbermachen in Haus und Wohnung – über 1100 Farbfotos. Praktische Tips vom Profi: Selbermachen, Reparieren, Renovieren, Kostensparen. (4117) Von Th. Pochert, 440 S., 1103 Farbfotos, 100 ein- und zweifarbige Abb., Pappband. ●●●●

Feuerzeichen behaglicher Wohnkultur
Kachelöfen, Kamine und Kaminöfen
(4288) Hrsg. von C. Berninghaus. Von R. Heinen, G. Kosicek, H. P. Sabborrosch, 168 S., 291 Farbfotos, 2 s/w-Fotos, 8 Zeichnungen, Pappband. ●●●●●

Restaurieren von Möbeln
Stilkunde, Materialien, Techniken, Arbeitsanleitungen in Bildfolgen.
(4120) Von E. Schnaus-Lorey, 152 S., 37 Farbfotos, 75 s/w Fotos, 352 Zeichnungen, Pappband. ●●●●

Möbel aufarbeiten, reparieren und pflegen
(0386) Von E. Schnaus-Lorey, 96 S., 28 Fotos, 101 Zeichnungen, kart., ●

Vogelhäuschen, Nistkästen, Vogeltränken
mit Plänen und Anleitungen zum Selbstbau. (0695) Von J. Zech, 32 S., 42 Farbfotos, 5 Zeichnungen, Pappband. ●

Strohschmuck selbstgebastelt
Sterne, Figuren und andere Dekorationen (0740) Von E. Rombach, 32 S., 60 Farbfotos, 17 Zeichnungen, Pappband. ●

Das Herbarium
Pflanzen sammeln, bestimmen und pressen. (5113) Von I. Gabriel, 96 S., 140 Farbfotos, Pappband. ●●

Gestalten mit Naturmaterialien
Zweige, Kerne, Federn, Muscheln und anderes. (5128) Von I. Krohn, 64 S., 101 Farbfotos, 11 farbige Zeichnungen, Pappband. ●●

Blütenbilder aus Blumen und Blätter
Phantasievolle Naturcollagen.
(0872) Von G. Schamp, 32 S., 57 Farbfotos, 1 Zeichnung, Pappband. ●

Dauergestecke
mit Zweigen, Trocken- und Schnittblumen. (5121) Von G. Vocke, 64 S., 57 Farbfotos, Pappband. ●●

Ikebana
Einführung in die japanische Kunst des Blumensteckens. (0548) Von G. Vocke, 152 S., 47 Farbfotos, kart. ●●

Blumengestecke im Ikebanastil
(5041) Von G. Vocke, 64 S., 37 Farbfotos, viele Zeichnungen, Pappband. ●●

Hobby Trockenblumen
Gewürzsträuße, Gestecke, Kränze, Buketts. (0643) Von R. Strobel-Schulze, 88 S., 170 Farbfotos, kart. ●●

Hobby Gewürzsträuße
und zauberhafte Gebinde nach Salzburger Art. (0726) Von A. Ott, 80 S., 101 Farbfotos, 51 farbige Zeichnungen, kart. ●●

Trockenblumen und Gewürzsträuße
(5084) Von G. Vocke, 64 S., 63 Farbfotos, Pappband. ●●

Arbeiten mit Ton
Töpfern mit und ohne Scheibe.
(5048) Von J. Fricke, 128 S., 15 Farbtafeln, 166 s/w-Fotos, kart. ●●

Töpfern
als Kunst und Hobby. (4073) Von J. Fricke, 132 S., 37 Farbfotos, 222 s/w-Fotos, Pappband. ●●●●

Die hier vorgestellten Bücher, Videokassetten und Software sind in folgende Preisgruppen unterteilt:

● Preisgruppe bis DM 10,–/S 79,–
●● Preisgruppe über DM 10,– bis DM 20,– S 80,– bis S 160,–
●●● Preisgruppe über DM 20,– bis DM 30,– S 161,– bis S 240,–
●●●● Preisgruppe über DM 30,– bis DM 50,– S 241,– bis S 400,–
●●●●● Preisgruppe über DM 50,–/S 401,–
*(unverbindliche Preisempfehlung)

FALKEN VERLAG

Die Preise entsprechen dem Status beim Druck dieses

Schöne Sachen modellieren
Originelles aus Cernit – ideenreich gestaltet. (0762) Von G. Thelen, 32 S., 105 Farbfotos, Pappband. ●

Porzellanpuppen
Zauberhafte alte Puppen selbst nachbilden. (5138) Von C. A. und D. Stanton, 64 S., 58 Farbfotos, 22 Zeichnungen, Pappband. ●●

Zauberhafte alte Puppen
Sammeln · Restaurieren · Nachbilden (4255) Von C. A. Stanton, J. Jacobs, 120 S., 157 Farbfotos, 24 Zeichnungen, Pappband. ●●●●

Stoffpuppen
Liebenswerte Modelle selbermachen. (5150) Von I. Wolff, 56 S., 115 Farbfotos, 15 Zeichnungen, mit Schnittmusterbogen, Pappband. ●●

Hobby Puppen
Bezaubernde Modelle selbst gestalten. (0742) Von B. Wenzelburger, 88 S., 163 Farbfotos, 41 Zeichnungen, 11 Schnittmuster, kart. ●●

Puppen und Figuren aus Kunstporzellan
gießen, bemalen und gestalten. (0735) Von G. Baumgarten, 32 S., 86 Farbfotos, Pappband. ●

Selbstgestrickte Puppen
Materialien und Arbeitsanleitungen. (0638) Von B. Wehrle, 32 S., 23 Farbfotos, 24 Zeichnungen, Pappband. ●

Dekorative Rupfenpuppen
Arbeitsanleitungen und Gestaltungsvorschläge. (0733) Von B. Wenzelburger, 32 S., 57 Farbfotos, 14 Zeichnungen, Spiralbindung. ●

Phantasiepuppen stricken und häkeln
Märchenhafte Modelle mit Arbeitsanleitungen. (0813) Von B. Wehrle, 32 S., 26 Farbfotos, 30 einfarbige und 16 dreifarbige Zeichnungen, Pappband. ●

Heißgeliebte Teddybären
Selbermachen · Sammeln · Restaurieren. (0900) Von H. Nadolny, Y. Thalheim, 80 S., 119 Farbfotos, 23 s/w-Zeichnungen, 14 S. Schnittmusterbogen, kart. ●●

Schritt für Schritt zum Scherenschnitt
Materialien · Techniken · Gestaltungsvorschläge. (0732) Von H. Klingmüller, 32 S., 38 Farbfotos, 34 Vorlagen, Pappband. ●

Garagentore selbst bemalt
Techniken und Motive. (0786) Von H. u. Y. Nadolny, 32 S., 24 Farbfotos, 12 s/w-Zeichnungen, Pappband. ●

Alle Jahre wieder…
Advent und Weihnachten
Basteln – Backen – Schmücken – Singen – Vorlesen – Feiern
(4260) Von H. und Y. Nadolny, 256 S., 105 Farbfotos, 130 Zeichnungen, Pappband. ●●●

Freizeit

Aktfotografie
Interpretationen zu einem unerschöpflichen Thema.
Gestaltung · Technik · Spezialeffekte. (0737) Von H. Wedewardt, 88 S., 144 Farb- und 6 s/w-Fotos, 6 Zeichnungen, kart. ●●

Videokassette Aktfotografie
Laufzeit ca. 60 Min. In Farbe. (6001/VHS, 6002/Video 2000, 6003/Beta) ●●●●●*

So macht man bessere Fotos
Das meistverkaufte Fotobuch der Welt. (0614) Von M. L. Taylor, 192 S., 457 Farbfotos, 15 Abb., kart. ●●

Falken-Handbuch **Trickfilmen**
Flach-, Sach- und Zeichentrickfilme – von der Idee zur Aufführung. (4131) Von H.-D. Wilden, 144 S., über 430 überwiegend farbige Abb., Pappband. ●●●●

Schmalfilmen
Ausrüstung · Aufnahmepraxis · Schnitt · Ton. (0342) Von U. Ney, 108 S., 4 Farbtafeln, 25 s/w-Fotos, kart. ●

Schmalfilme selbst vertonen
(0593) Von U. Ney, 96 S., 57 s/w-Fotos, 14 Zeichnungen, kart. ●

Fotografie – Das Schöne als Ziel
Zur Ästhetik und Psychologie der visuellen Wahrnehmung. (4122) Von E. Stark, 208 S., 252 Farbfotos, 63 Zeichnungen, Ganzleinen. ●●●●●

Videografieren
Filmen mit Video 8
Technik – Bildgestaltung – Schnitt – Vertonung. (0843) Von M. Wild und K. Möller, 120 S., 101 Farbfotos, 22 s/w-Fotos, 52 Zeichnungen, kart. ●●

Videokassette
Videografieren
Filmen mit Video 8
Technik – Bildgestaltung – Schnitt – Vertonung. (6031) VHS, (6033) Beta, (6034) Sony 8 mm, von M. Wild, 60 Min., in Farbe. ●●●●●*

Ferngelenkte Motorflugmodelle
bauen und fliegen. (0400) Von W. Thies, 184 S., mit Zeichnungen und Detailplänen, kart. ●●

Flugmodelle
bauen und einfliegen. (0361) Von W. Thies und W. Rolf, 160 S., 63 Abb., 7 Faltpläne, kart. ●●

Kleine Welt auf Rädern
Das faszinierende Spiel mit **Modelleisenbahnen** (4175) Von F. Eisen, 256 S., 72 Farb- und 180 s/w-Fotos, 25 Zeichnungen, Pappband. ●●●

Modelleisenbahnen im Freien
Mit Volldampf durch den Garten. (4245) Von F. Eisen, 96 S., 115 Farb-, 4 s/w-Fotos, 5 Zeichnungen, Pappband. ●●●

Videokassette
Die Modelleisenbahn
Anlagenbau in Modultechnik.
Neue kreative Gestaltung.
Neue raffinierte Techniken.
(6028) VHS, (6029) Video 2000, (6030) Beta, von J. Grahn, 30 Min., in Farbe, ●●●●*

Die Super-Eisenbahnen der Welt
(4287) Von W. Kosak, H. G. Isenberg, 224 S., 269 Farbfotos, 79 s/w-Fotos, 8 Vignetten, 5 farb. Ausklapptafeln, Pappband. ●●●●

Raketen auf Rädern
Autos und Motorräder an der Schallgrenze (4220) Von H. G. Isenberg, 96 S., 112 Farbfotos, 21 s/w-Fotos, Pappband. ●●●

Die rasantesten Rallyes der Welt
(4213) Von H. G. Isenberg und D. Maxeiner, 96 S., 116 Farbfotos, Pappband. ●●●

Trucks
Giganten der Landstraßen in aller Welt. (4222) Von H. G. Isenberg, 96 S., 131 Farbfotos, Pappband. ●●●

Die Super-Trucks der Welt
(4257) Von H. G. Isenberg, 194 S., 205 Farbfotos, 87 s/w-Fotos, 7 Farbzeichnungen, 4 Ausklapptafeln, Pappband. ●●●●

Ferngelenkte Elektroflugmodelle
bauen und fliegen. (0700) Von W. Thies, 144 S., 52 s/w-Fotos, 50 Zeichnungen, kart. ●●

Schiffsmodelle
selber bauen. (0500) Von D. und R. Lochner, 200 S., 93 Zeichnungen, 2 Faltpläne, kart. ●●

Dampflokomotiven
(4204) Von W. Jopp, 96 S., 134 Farbfotos, Pappband. ●●●

Ferngelenkte Segelflugmodelle
bauen und fliegen. (0446) Von W. Thies, 176 S., 22 s/w-Fotos, 115 Zeichnungen, kart. ●●

Motorrad-Hits
Chopper, Trikes, Heiße Öfen. (4221) Von H. G. Isenberg, 96 S., 119 Farbfotos, Pappband. ●●●

Die Super-Motorräder der Welt
(4193) Von H. G. Isenberg, 192 S., 170 Farb- und 100 s/w-Fotos, 8 Zeichnungen, Pappband. ●●●●

Motorrad-Faszination
Heiße Öfen, von denen jeder träumt. (4223) Von H. G. Isenberg, 96 S., 103 Farb- und 20 s/w-Fotos, Pappband. ●●●

Münzen
Ein Brevier für Sammler. (0353) Von E. Dehnke, 128 S., 4 Farbtafeln, 17 s/w-Abb., kart. ●●

Astronomie als Hobby
Sternbilder und Planeten erkennen und benennen. (0572) Von D. Block, 176 S., 16 Farbtafeln, 49 s/w-Fotos, 93 Zeichnungen, kart. ●●

Astronomie im Bild
Unser Sternenhimmel rund ums Jahr
(0849) Von Dr. E. Übelacker, 88 S., 48 Farbfotos, 1 s/w-Foto, 68 Farbzeichnungen, kart. ●●

Gitarre spielen
Ein Grundkurs für den Selbstunterricht. (0534) Von A. Roßmann, 96 S., 1 Schallfolie, 150 Zeichnungen, kart. ●●●

Falken-Handbuch **Zaubern**
Über 400 verblüffende Tricks. (4063) Von F. Stutz, 368 S., 1200 Zeichnungen, Pappband. ●●●●

Zaubertricks für jedermann
(0282) Von J. Merlin, 176 S., 113 Abb., kart. ●●

Zaubern
einfach – aber verblüffend. (2018) Von D. Buoch, 84 S., 41 Zeichnungen, kart. ●

Magische Zaubereien
(0672) Von W. Widenmann, 64 S., 31 Zeichnungen, kart. ●

Die hier vorgestellten Bücher, Videokassetten und Software sind in folgende Preisgruppen unterteilt:

● Preisgruppe bis DM 10,–/S 79,–
●● Preisgruppe über DM 10,– bis DM 20,– S 80,– bis S 160,–
●●● Preisgruppe über DM 20,– bis DM 30,– S 161,– bis S 240,–
●●●● Preisgruppe über DM 30,– bis DM 50,– S 241,– bis S 400,–
●●●●● Preisgruppe über DM 50,–/S 401,–
*(unverbindliche Preisempfehlung)

FALKEN VERLAG

Mit vollem Genuß
Pfeife rauchen
Alles über Tabaksorten, Pfeifen und Zubehör. (4227) Von H. Behrens, H. Frickert, 168 S., 127 Farbfotos, 18 Zeichnungen, Pappband. ●●●●

Mineralien, Steine und Fossilien
Grundkenntnisse für Hobby-Sammler. (0437) Von D. Stobbe, 96 S., 16 Farbtafeln, 14 s/w-Fotos, 10 Zeichnungen, kart. ●

Freizeit mit dem Mikroskop
(0291) Von M. Deckart, 132 S., 8 Farbtafeln, 64 s/w Abb., 2 Zeichnungen, kart. ●

Die Faszination der Philatelie
Briefmarken sammeln
(4273) Von D. Stein, 212 S., 124 s/w-Fotos, 24 Farbtafeln, Pappband. ●●●

Briefmarken
sammeln für Anfänger. (0481) Von D. Stein, 120 S., 4 Farbtafeln, 98 s/w-Abb., kart. ●

Wir lernen tanzen
Standard- und lateinamerikanische Tänze. (0200) Von E. Fern, 168 S., 118 s/w-Fotos, 47 Zeichnungen, kart. ●

Fit mit **Tanzen**
(2303) Von K. Richter, H. Kleinow, 88 S., 94 Farbfotos, kart. ●●

So tanzt man Rock'n'Roll
Grundschritte · Figuren · Akrobatik. (0573) Von W. Steuer und G. Marz, 224 S., 303 Abb., kart. ●●

Tanzen überall
Discofox, Rock'n'Roll, Blues, Langsamer Walzer, Cha-Cha-Cha zum Selberlernen. (0760) Von H. M. Pritzer, 112 S., 128 Farbfotos, kart. ●●

Videokassette **Tanzen überall**
Discofox, Rock'n'Roll, Blues. (6004/VHS, 6005/Video 2000, 6006/Beta) Von H. M. Pritzer, G. Steinheimer, in Farbe, ca. 45 Min. ●●●●●*

Anmutig und fit durch
Bauchtanz
(0911) Von Marta, 120 S., 229 Farbfotos, 6 s/w-Zeichnungen, kart. ●●

Schwarzwald-Romantik
Vom Zauber einer deutschen Landschaft. (4232) Hrsg. A. Rolf, 184 S., 273 Farbfotos, Pappband. ●●●

Sport

ZDF Sportjahr '87
Rekorde, Siege, Schicksale, Ergebnisse, Termine '88
(4290) Hrsg. von B. Heller, 192 S., 278 Farb- und 4 s/w-Fotos, kart. ●●

Judo
Grundlagen des Stand- und Bodenkampfes. (4013) Von W. Hofmann, 244 S., 589 Fotos, Pappband. ●●●

Neue Lehrmethoden der Judo-Praxis
(0424) Von P. Herrmann, 223 S., 475 Abb., kart. ●●

Judo
Grundlagen – Methodik. (0305) Von M. Ohgo, 208 S., 1025 Fotos, kart. ●●

Fußwürfe
für Judo, Karate und Selbstverteidigung. (0439) Von H. Nishioka, 96 S., 260 Abb., kart. ●

Modernes Karate
Das große Standardwerk mit 2229 Abbildungen. (4280) Von T. Okazaki, Dr. med. M. V. Stricevic, übers. von M. Pabst, 376 S., 2279 Abbildungen, Pappband. ●●●●●

Karate für alle
Karate-Selbstverteidigung in Bildern. (0314) Von A. Pflüger, 112 S., 356 s/w-Fotos, kart. ●

Karate für Frauen und Mädchen
Sport und Selbstverteidigung. (0425) Von A. Pflüger, 168 S., 259 s/w-Fotos, kart. ●●

Nakayamas Karate perfekt 1
Einführung. (0487) Von M. Nakayama, 136 S., 605 s/w-Fotos, kart. ●●

Nakayamas Karate perfekt 2
Grundtechniken. (0512) Von M. Nakayama, 136 S., 354 s/w-Fotos, 53 Zeichnungen, kart. ●●

Nakayamas Karate perfekt 3
Kumite 1: Kampfübungen. (0538) Von M. Nakayama, 128 S., 424 s/w-Fotos, kart. ●●

Nakayamas Karate perfekt 4
Kumite 2: Kampfübungen. (0547) Von M. Nakayama, 128 S., 394 s/w-Fotos, kart. ●●

Nakayamas Karate perfekt 5
Kata 1: Heian, Tekki. (0571) Von M. Nakayama, 144 S., 1229 s/w-Fotos, kart. ●●

Nakayamas Karate perfekt 6
Kata 2: Bassai-Dai, Kanku-Dai. (0600) Von M. Nakayama, 144 S., 1300 s/w-Fotos, 107 Zeichnungen, kart. ●●

Nakayamas Karate perfekt 7
Kata 3: Jitte, Hangetsu, Empi. (0618) Von M. Nakayama, 144 S., 1988 s/w-Fotos, 105 Zeichnungen, kart. ●●

Nakayamas Karate perfekt 8
Gankaku, Jion. (0650) Von M. Nakayama, 144 S., 1174 s/w-Fotos, 99 Zeichungen, kart. ●●

Kontakt-Karate
Ausrüstung · Technik · Training. (0396) Von A. Pflüger, 112 S., 238 s/w-Fotos, kart. ●●

Karate-Do
Das Handbuch des modernen Karate. (4028) Von A. Pflüger, 360 S., 1159 Abb., Pappband. ●●●●

Bo-Karate
Kukishin-Ryu – die Techniken des Stockkampfes. ((0447) Von G. Stiebler, 176 S., 424 s/w-Fotos, 38 Zeichnungen, kart. ●●

Karate I
Einführung · Grundtechniken. (0227) Von A. Pflüger, 148 S., 195 s/w-Fotos, 120 Zeichnungen, kart. ●

Karate II
Kombinationstechniken · Katas. (0239) Von A. Pflüger, 176 S., 452 s/w-Fotos und Zeichnungen, kart. ●

Karate Kata 1
Heian 1-5, Tekki 1, Bassai Dai. (0683) Von W.-D. Wichmann, 164 S., 703 s/w-Fotos, kart. ●●

Karate Kata 2
Jion, Empi, Kanku-Dai, Hangetsu. (0723) Von W.-D. Wichmann, 140 S., 661 s/ w-Fotos, 4 Zeichnungen, kart. ●●

25 Shotokan-Katas
Auf einen Blick: Karate-Katas für Prüfungen und Wettkämpfe. (0859) Von A. Pflüger, 88 S., 185 s/w-Abbildungen, 26 ganzseitige Tafeln mit über 1.600 Einzelschritten, kart. ●●

Videokassette **Karate**
Einführung und Grundtechniken. (6037/VHS) Von A. Pflüger, ca. 45 Min., in Farbe. ●●●●●*

Ninja 1
Die Lehre der Schattenkämpfer. (0758) Von S. K. Hayes, 144 S., 137 s/w-Fotos, kart. ●●

Ninja 2
Die Wege zum Shoshin (0763) Von S. K. Hayes, 160 S., 309 s/w-Fotos, kart. ●●

Ninja 3
Der Pfad des Togakure-Kämpfers. (0764) Von S. K. Hayes, 144 S., 197 s/w-Fotos, 2 Zeichnungen, kart. ●●

Ninja 4
Das Vermächtnis der Schattenkämpfer. (0807) Von S. K. Hayes, 196 S., 466 s/w-Fotos, kart. ●●

Der König des Kung-Fu
Bruce Lee
Sein Leben und Kampf. (0392) Von seiner Frau Linda. 136 S., 104 s/w-Fotos, kart. ●●

Bruce Lees Kampfstil 1
Grundtechniken. (0473) Von B. Lee und M. Uyehara, 109 S., 220 Abb., kart. ●

Bruce Lees Kampfstil 2
Selbstverteidigungs-Techniken. (0486) Von B. Lee und M. Uyehara, 128 S., 310 Abb., kart. ●

Bruce Lees Kampfstil 3
Trainingslehre. (0503) Von B. Lee und M. Uyehara, 112 S., 246 Abb., kart. ●

Bruce Lees Kampfstil 4
Kampftechniken. (0523) Von B. Lee und M. Uyehara, 104 S., 211 Abb., kart. ●

Bruce Lees Jeet Kune Do
(0440) Von B. Lee, 192 S., mit 105 eigenhändigen Zeichnungen von B. Lee, kart. ●●

Ju-Jutsu 1
Grundtechniken – Moderne Selbstverteidigung. (0276) Von W. Heim und F. J. Gresch, 164 S., 450 s/w-Fotos, 8 Zeichnungen, kart. ●

Ju-Jutsu 2
für Fortgeschrittene und Meister. (0378) Von W. Heim und F. J. Gresch, 164 S., 798 s/w-Fotos, kart. ●●

Ju-Jutsu 3
Spezial-, Gegen- und Weiterführungs-Techniken. (0485) Von W. Heim und F. J. Gresch, 214 S., über 600 s/w-Fotos, kart. ●●

Ju-Jutsu als Wettkampf
(0826) Von G. Kulot, 168 S., 418 s/w-Fotos, 2 Zeichnungen, kart. ●●

Nunchaku
Waffe · Sport · Selbstverteidigung. (0373) Von A. Pflüger, 144 S., 247 Abb., kart. ●●

Shuriken · Tonfa · Sai
Stockfechten und andere bewaffnete Kampfsportarten aus Fernost. (0397) Von A. Schulz, 96 S., 253 s/w-Fotos, kart. ●●

Illustriertes Handbuch des Taekwondo
Koreanische Kampfkunst und Selbstverteidigung. (4053) Von K. Gil, 248 S., 1026 Abb., Pappband. ●●●

Taekwon-Do
Koreanischer Kampfsport. (0347) Von K. Gil, 152 S., 408 Abb., kart. ●●

Die hier vorgestellten Bücher, Videokassetten und Software sind in folgende Preisgruppen unterteilt:

● Preisgruppe bis DM 10,–/S 79,–
●● Preisgruppe über DM 10,– bis DM 20,– S 80,– bis S 160,–
●●● Preisgruppe über DM 20,– bis DM 30,– S 161,– bis S 240,–
●●●● Preisgruppe über DM 30,– bis DM 50,– S 241,– bis S 400,–
●●●●● Preisgruppe über DM 50,–/S 401,–
*(unverbindliche Preisempfehlung)

FALKEN VERLAG

Die Preise entsprechen dem Status beim Druck dieses

Taekwondo perfekt 1
Die Formenschule bis zum Blaugurt. (0890) Von K. Gil, Kim Chul-Hwan, 176 S., 439 s/w-Fotos, 107 Zeichnungen, kart. ●●

Aikido
Lehren und Techniken des harmonischen Weges. (0537) Von R. Brand, 280 S., 697 Abb., kart. ●●

Kung-Fu und Tai-Chi
Grundlagen und Bewegungsabläufe. (0367) Von B. Tegner, 182 S., 370 s/w-Fotos, kart. ●●

Kung-Fu
Theorie und Praxis klassischer und moderner Stile. (0376) Von M. Pabst, 160 S., 330 Abb., kart. ●●

Shaolin-Kempo – Kung-Fu
Chinesisches Karate im Drachenstil. (0395) Von R. Czerni und K. Konrad, 246 S., 723 Abb., kart. ●●

Hap Ki Do
Grundlagen und Techniken koreanischer Selbstverteidigung. (0379) Von Kim Sou Bong, 112 S., 153 Abb., kart. ●●

Dynamische Tritte
Grundlagen für den Zweikampf. (0438) Von C. Lee, 96 S., 398 s/w-Fotos, 10 Zeichnungen, kart. ●

Kickboxen
Fitneßtraining und Wettkampfsport. (0795) Von G. Lemmens, 96 S., 208 s/w-Fotos, 23 Zeichnungen, kart. ●●

Selbstverteidigung
Abwehrtechniken für Sie und Ihn (0853) Von F. Doser, 96 S., 259 s/w-Fotos, kart. ●

Muskeltraining mit Hanteln
Leistungssteigerung für Sport und Fitness. (0676) Von H. Schulz, 108 S., 92 s/w-Fotos, 2 Zeichnungen, kart. ●

Leistungsfähiger durch Krafttraining
Eine Anleitung für Fitness-Sportler, Trainer und Athleten (0617) Von W. Kieser, 100 S., 20 s/w-Fotos, 62 Zeichnungen, kart. ●

Die Faszination athletischer Körper
Bodybuilding
mit Weltmeister Ralf Möller
(4281) Von R. Möller, 128 S., 169 Farbfotos, 14 s/w-Fotos, 1 Farbzeichnung, Pappband. ●●●●

Bodybuilding
Anleitung zum Muskel- und Konditionstraining für sie und ihn. (0604) Von R. Smolana. 160 S., 171 s/w-Fotos, kart. ●

Hanteltraining zu Hause
(0800) Von W. Kieser, 80 S., 71 s/w-Fotos, 4 Zeichnungen, kart. ●

Fit und gesund
Körpertraining und Bodybuilding zu Hause. (0782) Von H. Schulz, 80 S., 100 Farbfotos, 3 Zeichnungen, kart. ●●

Videokassette **Fit und gesund**
VHS (6013), Video 2000 (6014), Beta (6015), Laufzeit 30 Minuten, in Farbe. ●●●●*

Bodybuilding für Frauen
Wege zu Ihrer Idealfigur (0661) Von H. Schulz, 108 S., 84 s/w-Fotos, 4 Zeichnungen, kart. ●●

Isometrisches Training
Übungen für Muskelkraft und Entspannung. (0529) Von L. M. Kirsch, 140 S., 162 s/w-Fotos, kart. ●

Spaß am Laufen
Jogging für die Gesundheit. (0470) Von W. Sonntag, 140 S., 41 s/w-Fotos, 1 Zeichnung, kart. ●

Mein bester Freund, der Fußball
(5107) Von D. Brüggemann und D. Albrecht, 144 S., 171 Abb., kart. ●●

Fußball
Training und Wettkampf. (0448) Von H. Obermann und P. Walz, 166 S., 92 s/w-Fotos, 15 Zeichnungen, 29 Diagramme, kart. ●●

Handball
Technik · Taktik · Regeln. (0426) Von F. und P. Hattig, 128 S., 91 s/w-Fotos, 121 Zeichnungen, kart. ●●

Fit mit **Volleyball**
(2302) Von Dr. A. Scherer, 104 S., 27 Farb- und 1 s/w-Foto, 12 Farb- und 29 s/w-Zeichnungen, kart. ●●

Volleyball
Technik · Taktik · Regeln. (0351) Von H. Huhle, 104 S., 330 Abb., kart. ●

Hockey
Technische und taktische Grundlagen. (0398) Von H. Wein, 152 S., 60 s/w-Fotos, 30 Zeichnungen, kart. ●●

Eishockey
Lauf- und Stocktechnik, Körperspiel, Taktik, Ausrüstung und Regeln. (0414) Von J. Čapla, 264 S., 548 s/w-Fotos, 163 Zeichnungen, kart. ●●

Badminton
Technik · Taktik · Training. (0699) Von K. Fuchs, L. Sologub, 168 S., 51 Abb., kart., ●●

Golf
Ausrüstung · Technik · Regeln. (0343) Von J. C. Jessop, übersetzt von H. Biemer, mit einem Vorwort von H. Krings, Präsident des Deutschen Golf-Verbandes, 160 S., 65 Abb., Anhang Golfregeln des DGV, kart. ●●

Pool-Billard
(0484) Herausgegeben vom Deutschen Pool-Billard-Bund, von M. Bach und K.-W. Kühn, 88 S., mit über 80 Abb., kart. ●

Sportschießen
für jedermann. (0502) Von A. Kovacic, 124 S., 116 s/w-Fotos, kart. ●●

Fechten
Florett · Degen · Säbel. (0449) Von E. Beck, 88 S., 185 Fotos, 10 Zeichnungen, kart. ●●

Fibel für Kegelfreunde
Sport- und Freizeitkegeln · Bowling. (0191) Von G. Bocsai, 72 S., 62 Abb., kart. ●

Beliebte und neue Kegelspiele
(0271) Von G. Bocsai, 92 S., 62 Abb., kart. ●

111 spannende Kegelspiele
(2031) Von H. Regulski, 88 S., 53 Zeichnungen, kart., ●

Ski-Gymnastik
Fit für Piste und Loipe. (0450) Von H. Pilss-Samek, 104 S., 67 s/w-Fotos, 20 Zeichnungen, kart. ●

Die neue Skischule
Ausrüstung · Technik · Trickskilauf · Gymnastik. (0369) Von C. und R. Kerler, 128 S., 100 Abb., kart. ●

Skilanglauf, Skiwandern
Ausrüstung · Techniken · Skigymnastik. (5129) Von T. Reiter und R. Kerler, 80 S., 8 Farbtafeln, 85 Zeichnungen und s/w-Fotos, kart. ●●

Alpiner Skisport
Ausrüstung · Techniken · Skigymnastik. (5130) Von K. Meßmann, 128 S., 8 Farbtafeln, 93 s/ w-Fotos, 45 Zeichnungen, kart. ●●

Die neue Tennis-Praxis
Der individuelle Weg zu erfolgreichem Spiel. (4097) Von R. Schönborn, 240 S., 202 Farbzeichnungen, 31 s/w-Abb., Pappband. ●●●●

Erfolgreiche Tennis-Taktik
(4086) Von R. Ford Greene, übersetzt von M. R. Fischer, 182 S., 87 Abb., kart. ●●

Moderne Tennistechnik
(4187) Von G. Lam, 192 S., 339 s/w-Fotos, 91 Zeichnungen, kart. ●●●

Tennis kompakt
Der erfolgreiche Weg zu Spiel, Satz und Sieg. (5116) Von W. Taferner, 128 S., 82 s/w-Fotos, 67 Zeichnungen, kart. ●●

Tennis
Technik · Taktik · Regeln. (0375) Von H. Elschenbroich, 112 S., 81 Abb., kart. ●

Tischtennis-Technik
Der individuelle Weg zu erfolgreichem Spiel. (0775) Von M. Perger, 144 S., 296 Abb. kart. ●●

Squash
Ausrüstung · Technik · Regeln. (0539) Von D. von Horn und H.-D. Stünitz, 96 S., 55 s/w-Fotos, 25 Zeichnungen, kart. ●

Sporttauchen
Theorie und Praxis des Gerätetauchens. (0647) Von S. Müßig, 144 S., 8 Farbtafeln, 35 s/w-Fotos, 89 Zeichnungen, kart., ●●

Windsurfing
Lehrbuch für Grundschein und Praxis. (5028) Von C. Schmidt, 64 S., 60 Farbfotos, Pappband. ●●

Segeln
Der neue Grundschein – Vorstufe zum A-Schein – Mit Prüfungsfragen. (5147) Von C. Schmidt, 80 S., 8 Farbtafeln, 18 Farbfotos, 82 Zeichnungen, kart., ●●

Sportfischen
Fische – Geräte – Technik. (0324) Von H. Oppel, 144 S., 49 s/w-Fotos, 8 Farbtafeln, kart. ●

Falken-Handbuch
Angeln
in Binnengewässern und im Meer. (4090) Von H. Oppel, 344 S., 24 Farbtafeln, 66 s/w-Fotos, 151 Zeichnungen, gebunden. ●●●●

Angeln
Kleine Fibel für den Sportfischer. (0198) Von E. Bondick, 96 S., 116 Abb., kart. ●

Einführung in das Schachspiel
(0104) Von W. Wollenschläger und K. Colditz, 92 S., 116 Diagramme, kart. ●

Schach mit dem Computer
(0747) Von D. Frickenschmidt, 140 S., 112 Diagramme, 29 s/w-Fotos, 5 Zeichnungen, kart. ●●

Spielend Schach lernen
(2002) Von T. Schuster, 128 S., kart. ●

Kinder- und Jugendschach
Offizielles Lehrbuch des Deutschen Schachbundes zur Erringung der Bauern-, Turm- und Königsdiplome. (0561) Von B. J. Withuis und H. Pfleger, 144 S., 220 Zeichnungen u. Diagramme, kart. ●●

Die hier vorgestellten Bücher, Videokassetten und Software sind in folgende Preisgruppen unterteilt:

● Preisgruppe bis DM 10,–/S 79,–
●● Preisgruppe über DM 10,– bis DM 20,– S 80,– bis S 160,–
●●● Preisgruppe über DM 20,– bis DM 30,– S 161,– bis S 240,–
●●●● Preisgruppe über DM 30,– bis DM 50,– S 241,– bis S 400,–
●●●●● Preisgruppe über DM 50,–/S 401,–
*(unverbindliche Preisempfehlung)

FALKEN VERLAG

Neue Schacheröffnungen
(0478) Von T. Schuster, 108 S., 100 Diagramme, kart. ●

Schach für Fortgeschrittene
Taktik und Probleme des Schachspiels. (0219) Von R. Teschner, 96 S., 85 Diagramme, kart. ●

Taktische Schachendspiele
(0752) Von J. Nunn, 200 S., 151 Diagramme, kart. ●●

Schach-WM '85 Karpow – Kasparow.
Mit ausführlichen Kommentaren zu allen Partien. (0785) Von H. Pfleger, O. Borik, M. Kipp-Thomas, 128 S., zahlreiche Abb. und Diagramme, kart. ●●

Die Schach-Revanche
Kasparow/Karpow 1986. (0831) Von O. Borik, H. Pfleger, M. Kipp-Thomas, 144 S., 19 s/w-Fotos, 72 Diagramme, kart. ●●

Schachstrategie
Ein Intensivkurs mit Übungen und ausführlichen Lösungen. (0584) Von A. Koblenz, dt. Bearb. von K. Colditz, 212 S., 240 Diagramme, kart. ●●

Falken-Handbuch **Schach**
(4051) Von T. Schuster, 360 S., über 340 Diagramme, gebunden. ●●●●

Die besten Partien deutscher Schachgroßmeister
(4121) Von H. Pfleger, 192 S., 29 s/w-Fotos, 89 Diagramme, Pappband. ●●●

Turnier der Schachgroßmeister '83
Karpow · Hort · Browne · Miles · Chandler · Garcia · Rogers · Kindermann. (0718) Von H. Pfleger, E. Kurz, 176 S., 29 s/w-Fotos, 71 Diagramme, kart. ●●

Lehr-, Übungs- und Testbuch der Schachkombinationen
(0649) Von K. Colditz, 184 S., 227 Diagramme, kart. ●●

Offizielles Lehrbuch des Deutschen Schachbundes
Das systematische Schachtraining
Trainingsmethoden, Strategien und Kombinationen. (0857) Von Sergiu Samarian, 152 S., 159 Diagramme, 1 Zeichnung, kart. ●●

So denkt ein Schachmeister
Strategische und taktische Analysen. (0915) Von H. Pfleger, G. Treppner, 120 S., 75 Diagramme, kart. ●●

FALKEN-SOFTWARE
Das komplette Schachprogramm
Spielen, Trainieren, Problemlösen mit dem Computer. (7006) Von J. Egger, Diskette für C 64, C 128 PC, mit Begleitheft. ●●●●●*

Zug um Zug
Schach für jedermann 1
Offizielles Lehrbuch des Deutschen Schachbundes zur Erringung des Bauerndiploms. (0648) Von H. Pfleger und E. Kurz, 80 S., 24 s/w-Fotos, 8 Zeichnungen, 60 Diagramme, kart. ●

Zug um Zug
Schach für jedermann 2
Offizielles Lehrbuch des Deutschen Schachbundes zur Erringung des Turmdiploms. (0659) Von H. Pfleger und E. Kurz, 132 S., 8 s/w-Fotos, 14 Zeichnungen, 78 Diagramme, kart. ●

Zug um Zug
Schach für jedermann 3
Offizielles Lehrbuch des Deutschen Schachbundes zur Erringung des Königdiploms. (0728) Von H. Pfleger, G. Treppner, 128 S., 4 s/w-Fotos, 84 Diagramme, 10 Zeichnungen, kart. ●

Schachtraining mit den Großmeistern
(0670) Von H. Bouwmeester, 128 S., 90 Diagramme, kart. ●●

Schach als Kampf
Meine Spiele und mein Weg. (0729) Von G. Kasparow, 144 S., 95 Diagramme, 9 s/w-Fotos, kart. ●●

Helmut Pflegers
Schachkabinett
Amüsante Aufgaben – überraschende Lösungen. (0877) Von H. Pfleger, 160 S., 118 Diagramme, kart. ●●

Spiele, Denksport, Unterhaltung

Kartenspiele
(2001) Von C. D. Grupp, 144 S., kart. ●

Neues Buch der siebzehn und vier Kartenspiele
(0095) Von K. Lichtwitz, 96 S., kart. ●

Alles über Pokern
Regeln und Tricks. (2024) Von C. D. Grupp, 112 S., 29 Kartenbilder, kart. ●

Rommé und Canasta
in allen Variationen. (2025) Von C. D. Grupp, 124 S., 24 Zeichnungen, kart. ●

Schafkopf, Doppelkopf, Binokel, Cego, Gaigel, Jaß, Tarock und andere „Lokalspiele".
(2015) Von C. D. Grupp, 152 S., kart. ●●

Spielend Skat lernen
unter freundlicher Mitarbeit des Deutschen Skatverbandes. (2005) Von Th. Krüger, 156 S., 181 s/w-Fotos, 22 Zeichnungen, kart. ●

Das Skatspiel
Eine Fibel für Anfänger. (0206) Von K. Lehnhoff, überarb. von P. A. Höfges, 96 S., kart. ●

Black Jack
Regeln und Strategien des Kasinospiels. (2032) Von K. Kelbratowski, 88 S., kart. ●

Falken-Handbuch **Patiencen**
Die 111 interessantesten Auslagen. (4151) Von U. v. Lyncker, 216 S., 108 Abbildungen, Pappband. ●●●

Patiencen
in Wort und Bild. (2003) Von I. Wolter, 136 S., kart. ●

Neue Patienten
(2036) Von H. Sosna, 160 S., 43 Farbtafeln, kart. ●●

Falken-Handbuch **Bridge**
Von den Grundregeln zum Turnierspiel. (4092) Von W. Voigt und K. Ritz, 276 S., 792 Zeichnungen, gebunden. ●●●●

Spielend Bridge lernen
(2012) Von J. Weiss, 108 S., 58 Zeichnungen, kart. ●

Spieltechnik im Bridge
(2004) Von V. Mollo und N. Gardener, deutsche Adaption von D. Schröder, 216 S., kart. ●●

Besser Bridge spielen
Reiztechnik, Spielverlauf und Gegenspiel. (2026) Von J. Weiss, 144 S., 60 Diagramme, kart. ●●

Herausforderung im Bridge
200 Aufgaben mit Lösungen. (2033) Von V. Mollo, 152 S., kart. ●●

Präzisions-Treff im Bridge
(2037) Von E. Jannersten, 152 S., kart. ●●

Kartentricks
(2010) Von T. A. Rosee, 80 S., 13 Zeichnungen, kart. ●

Mah-Jongg
Das chinesische Glücks-, Kombinations- und Gesellschaftsspiel. (2030) Von U. Eschenbach, 80 S., 30 s/w-Fotos, 5 Zeichnungen, kart. ●

Neue Kartentricks
(2027) Von K. Pankow, 104 S., 20 Abb., kart. ●

Backgammon
für Anfänger und Könner. (2008) Von G. W. Fink und G. Fuchs, 116 S., 41 Abb., kart. ●

Würfelspiele
für jung und alt. (2007) Von F. Pruss, 112 S., 21 s/w-Zeichnungen, kart. ●

Gesellschaftsspiele
für drinnen und draußen. (2006) Von H. Görz, 128 S., kart. ●

Spiele für Party und Familie
(2014) Von Rudi Carrell, 160 S., 50 Abb., kart. ●

Das japanische Brettspiel Go
(2020) Von W. Dörholt, 104 S., 182 Diagramme, kart. ●

Roulette richtig gespielt
Systemspiele, die Vermögen brachten. (0121) Von M. Jung, 96 S., zahlreiche Tabellen, kart. ●

Spielend Roulette lernen
(2034) Von E. P. Caspar, 152 S., 1 s/w-Foto, 45 Zeichnungen, kart. ●●

Denksport und Schnickschnack
für Tüftler und fixe Köpfe. (0362) Von J. Barto, 100 S., 45 Abb., kart. ●

Rätselspiele, Quiz- und Scherzfragen
für gesellige Stunden. (0577) Von K.-H. Schneider, 168 S., über 100 Zeichnungen, Pappband. ●●

Knobeleien und Denksport
(2019) Von K. Rechberger, 142 S., 105 Zeichnungen, kart. ●

Das Geheimnis der magischen Ringe
Alles über das Puzzle vom Würfel-Erfinder. Die schönsten Figuren. (0878) Von Dr. Ch. Bandelow, 96 S., 198 Zeichnungen, 8 Cartoons, kart. ●

Quiz
Mehr als 1500 ernste und heitere Fragen aus allen Gebieten. (0129) Von R. Sautter und W. Pröve, 92 S., 9 Zeichnungen, kart. ●

500 Rätsel selberraten
(0681) Von E. Krüger, 272 S., kart. ●

501 Rätsel selberraten
(0711) Von E. Krüger, 272 S., kart. ●

Riesen-Kreuzwort-Rätsel-Lexikon
über 250.000 Begriffe. (4197) Von H. Schiefelbein, 1024 S., Pappband. ●●●

Das Super-Kreuzwort-Rätsel-Lexikon
Über 150.000 Begriffe. (4279) Von H. Schiefelbein, 688 S., Pappband. ●●

Das große farbige Kinderlexikon
(4195) Von U. Kopp, 320 S., 493 Farbabb., 17 s/w-Fotos, Pappband. ●●●

Die hier vorgestellten Bücher, Videokassetten und Software sind in folgende Preisgruppen unterteilt:

● Preisgruppe bis DM 10,–/S 79,–
●● Preisgruppe über DM 10,– bis DM 20,– S 80,– bis S 160,–
●●● Preisgruppe über DM 20,– bis DM 30,– S 161,– bis S 240,–
●●●● Preisgruppe über DM 30,– bis DM 50,– S 241,– bis S 400,–
●●●●● Preisgruppe über DM 50,–/S 401,–
*(unverbindliche Preisempfehlung)

FALKEN VERLAG

Die Preise entsprechen dem Status beim Druck dieses

Das große farbige
Bastelbuch für Kinder
(4254) Von U. Barff, I. Burkhardt, J. Maier, 224 S., 157 Farbfotos, 430 Farb- und 69 s/w-Zeichnungen, Pappband. ●●●

Punkt, Punkt, Komma, Strich
Zeichenstunden für Kinder. (0564) Von H. Witzig, 144 S., über 250 Zeichnungen, kart. ●

Einmal grad und einmal krumm
Zeichenstunden für Kinder. (0599) Von H. Witzig, 144 S., 363 Abb., kart. ●

Kinderspiele
die Spaß machen. (2009) Von H. Müller-Stein, 112 S., 28 Abb., kart. ●

Spiele für Kleinkinder
(2011) Von D. Kellermann, 80 S., 23 Abb., kart. ●

Spiel und Spaß am Krankenbett
für Kinder und die ganze Familie. (2035) Von H. Bücken, 104 S., 97 Zeichnungen, kart. ●

Kasperletheater
Spieltexte und Spielanleitungen · Basteltips für Theater und Puppen. (0641) Von U. Lietz, 136 S., 4 Farbtafeln, 12 s/w-Fotos, 39 Zeichnungen, kart. ●

Tri-tra-trullalla
Neue Texte mit Spielanleitungen fürs Kasperletheater. (0681) Von U. Lietz, 96 S., 18 s/w-Zeichnungen, kart. ●

Kindergeburtstag
Vorbereitung, Spiel und Spaß. (0287) Von Dr. I. Obrig, 104 S., 40 Abb., 11 Zeichnungen, 9 Lieder mit Noten, kart. ●

Kindergeburtstage die keiner vergißt
Planung, Gestaltung, Spielvorschläge. (0698) Von G. und G. Zimmermann, 102 S., 80 Vignetten, kart. ●

Kinderfeste
daheim und in Gruppen. (4033) Von G. Blechner, 240 S., 320 Abb., kart. ●●

Scherzfragen, Drudel und Blödeleien
gesammelt von Kindern. (0506) Hrsg. von W. Pröve, 112 S., 57 Zeichnungen, kart. ●

Komm mit ins Land der Lieder
Das große Buch der Kinder-, Volks- und Chorlieder. (4261) Hrsg. von H. Rauhe, 176 S., 146 Farbzeichnungen, Pappband. ●●●

Die schönsten Wander- und Fahrtenlieder
(0462) Hrsg. von F. R. Miller, empfohlen vom Deutschen Sängerbund, 80 S., mit Noten und Zeichnungen, kart. ●

Die schönsten Volkslieder
(0432) Hrsg. von D. Walther, 128 S., mit Noten und Zeichnungen, kart. ●

Neue Spiele für Ihre Party
(2022) Von G. Blechner, 120 S., 54 Zeichnungen, kart. ●

Lustige Tanzspiele und Scherztänze
für Parties und Feste. (0165) Von E. Bäulke, 80 S., 53 Abb., kart. ●

Straßenfeste, Flohmärkte und Basare
Praktische Tips für Organisation und Durchführung. (0592) Von H. Schuster, 96 S., 52 Fotos, 17 Zeichnungen, kart. ●●

Humor

Heitere Vorträge und witzige Reden
Lachen, Witz und gute Laune. (0149) Von E. Müller, 104 S., 44 Abb., kart. ●

Tolle Sketche
mit zündenden Pointen – zum Nachspielen. (0656) Von E. Cohrs, 112 S., kart. ●

Vergnügliche Sketche
(0476) Von H. Pillau, 96 S., mit 7 Zeichnungen, kart. ●

Heitere Vorträge
(0528) Von E. Müller, 128 S., 14 Zeichnungen, kart. ●

Die große Lachparade
Neue Texte für heitere Vorträge und Ansagen. (0188) Von E. Müller, 80 S., kart. ●

So feiert man Feste fröhlicher
Heitere Vorträge und Gedichte. (0098) Von Dr. Allos, 96 S., 15 Abb., kart. ●

Lustige Vorträge für fröhliche Feiern
(0284) Von K. Lehnhoff, 96 S., kart. ●

Vergnügliches Vortragsbuch
(0091) Von J. Plaut, 192 S., kart. ●

Locker vom Hocker
Witzige Sketche zum Nachspielen. (4262) Von W. Giller, 144 S., 41 Zeichnungen, Pappband. ●●

Fidele Sketche und heitere Vorträge
Humor zum Nachspielen. (0157) Von H. Ehnle, 96 S., kart. ●

Vorhang auf!
Neue Sketche für jung und alt. (0898) Von H. Pillau, 96 S., 22 Zeichnungen, kart. ●

Sketche und spielbare Witze
für bunte Abende und andere Feste. (0445) Von H. Friedrich, 120 S., 7 Zeichnungen, kart. ●

Sketsche
Kurzspiele zu amüsanter Unterhaltung. (0247) Von M. Gering, 132 S., 16 Abb., kart., ●

Witzige Sketche zum Nachspielen
(0511) Von D. Hallervorden, 160 S., kart. ●●

Gereimte Vorträge
für Bühne und Bütt. (0567) Von G. Wagner, 96 S., kart. ●

Damen in der Bütt
Scherze, Büttenreden, Sketsche. (0354) Von T. Müller, 136 S., kart. ●

Narren in der Bütt
Leckerbissen aus dem rheinischen Karneval. (0216) Zusammengestellt von T. Lücker 112 S., kart ●

Rings um den Karneval
Karnevalsscherze und Büttenreden. (0130) Von Dr. Allos, 144 S., 2 Zeichnungen, kart. ●

Helau und Alaaf 1
Närrisches aus der Bütt. (0304) Von E. Müller, 112 S., 4 Zeichnungen, kart. ●

Helau und Alaaf 2
Neue Büttenreden. (0477) Von E. Luft, 104 S., kart. ●

Helau und Alaaf 3
Neue Reden für die Bütt. (0832) Von H. Fauser, 144 S., 13 Zeichnungen, kart. ●

Wir feiern Karneval
Festgestaltung und Reden für die närrische Zeit. (0904) Von M. Zweigler, 120 S., 4 Zeichnungen, kart. ●

Humor und Stimmung
Ein heiteres Vortragsbuch. (0460) Von G. Wagner, 112 S., kart. ●

Humor und gute Laune
Ein heiteres Vortragsbuch. (0635) Von G. Wagner, 112 S., 5 Zeichnungen, kart. ●

Das große Buch der Witze
(0384) Von E. Holz, 320 S., 36 Zeichnungen, Pappband. ●●

Da lacht das Publikum
Neue lustige Vorträge für viele Gelegenheiten. (0716) Von H. Schmalenbach, 104 S., kart. ●

Witzig, witzig
(0507) Von E. Müller, 128 S., 16 Zeichnungen, kart. ●

Die besten Witze und Cartoons des Jahres 1
(0454) Hrsg. von K. Hartmann, 288 S., 125 Zeichnungen, geb. ●●

Die besten Witze und Cartoons des Jahres 2
(0488) Hrsg. von K. Hartmann, 288 S., 148 Zeichnungen, geb. ●●

Die besten Witze und Cartoons des Jahres 4
(0579) Hrsg. von K. Hartmann, 288 S., 140 Zeichnungen, Pappband. ●●

Die besten Witze und Cartoons des Jahres 5
(0642) Hrsg. von K. Hartmann, 288 S., 88 Zeichnungen, Pappband. ●●

Das Superbuch der Witze
(4146) Von B. Bornheim, 504 S., 54 Cartoons, Pappband. ●●

Witze
Lachen am laufenden Band (4241) Von J. Burkert, D. Kroppach, 400 S., 41 Zeichnungen, Pappband. ●●

Heller Wahnwitz
(0887) Von D. Kroppach, 220 S., 200 Vignetten, kart. ●

Spaßvögel
Über sexhundert komische Nummern. (0888) Von E. Zeller, mit Limericks von W. Müller, 220 S., 200 Vignetten, kart. ●

Total bescheuert
Kinder- und Schülerwitze. (0889) Von G. Geßner und E. Zeller, 220 S., 200 Vignetten, kart. ●

Die besten Beamtenwitze
(0574) Hrsg. von W. Pröve, 112 S., 59 Cartoons, kart. ●

Die besten Kalauer
(0705) Von K. Frank, 112 S., 12 Zeichnungen, kart., ●

Robert Lembkes Witzauslese
(0325) Von Robert Lembke, 160 S., 10 Zeichnungen von E. Köhler, Pappband. ●●

Frod Metzlers Witze mit Pfiff
(0368) Von F. Metzler, 112 S., kart. ●

O frivol ist mir am Abend
Pikante Witze von Fred Metzler. (0388) Von F. Metzler, 128 S., mit Karikaturen, kart. ●

Herrenwitze
(0589) Von G. Wilhelm, 112 S., 31 Zeichnungen, kart. ●

Witze am laufenden Band
(0461) Von F. Asmussen, 118 S., kart. ●

Horror zum Totlachen
Gruselwitze
(0536) Von F. Lautenschläger, 96 S., 44 Zeichnungen, kart. ●

Die besten Ostfriesenwitze
(0495) Hrsg. von O. Freese, 112 S., 17 Zeichnungen, kart. ●

Die hier vorgestellten Bücher, Videokassetten und Software sind in folgende Preisgruppen unterteilt:

● Preisgruppe bis DM 10,–/S 79,–
●● Preisgruppe über DM 10,– bis DM 20,– S 80,– bis S 160,–
●●● Preisgruppe über DM 20,– bis DM 30,– S 161,– bis S 240,–
●●●● Preisgruppe über DM 30,– bis DM 50,– S 241,– bis S 400,–
●●●●● Preisgruppe über DM 50,–/S 401,–
*(unverbindliche Preisempfehlung)

FALKEN VERLAG

Die Kleidermotte ernährt sich von nichts, sie frißt nur Löcher
Stilblüten, Sprüche und Widersprüche aus Schule, Zeitung, Rundfunk und Fernsehen. (0738) Von P. Haas, D. Kroppach, 112 S., zahlr. Abb., kart. ●

Olympische Witze
Sportlerwitze in Wort und Bild. (0505) Von W. Willnat, 112 S., 126 Zeichnungen, kart. ●

Ich lach mich kaputt! Die besten Kinderwitze
(0545) Von E. Hannemann, 128 S., 15 Zeichnungen, kart. ●

Lach mit!
Witze für Kinder, gesammelt von Kindern. (0468) Hrsg. von W. Pröve, 128 S., 17 Zeichnungen, kart. ●

Die besten Kinderwitze
(0757) Von K. Rank, 120 S., 28 Zeichnungen, kart. ●

Lustige Sketche für Jungen und Mädchen
Kurze Theaterstücke für Jungen und Mädchen. (0669) Von U. Lietz und U. Lange, 104 S., kart. ●

Spielbare Witze für Kinder
(0824) Von H. Schmalenbach, 128 S., 30 Zeichnungen, kart. ●

Natur

Falken-Handbuch
Umweltschutz
Das Öko-Testbuch zur Eigeninitiative. (4160) Von M. Häfner, 352 S., 411 Farbf., 152 Farbzeichnungen, Pappband. ●●●●

Pilze
erkennen und benennen. (0380) Von J. Raithelhuber, 136 S., 110 Farbfotos, kart. ●●

Falken-Handbuch **Pilze**
Mit über 250 Farbfotos und Rezepten. (4061) Von M. Knoop, 276 S., 250 Farbfotos, Pappband. ●●●●

Garten heute
Der moderne Ratgeber · Über 1000 Farbbilder. (4283) Von H. Jantra, 384 S., über 1000 Farbabbildungen, Pappband. ●●●●

Das Gartenjahr
Arbeitsplan für den Hobbygärtner. (4075) Von G. Bambach, 152 S., 16 Farbtafeln, 141 Abb., kart. ●●

Gartenteiche und Wasserspiele
planen, anlegen und pflegen. (4083) Von H. R. Sikora, 160 S., 31 Farb- und 31 s/w-Fotos, 73 Zeichnungen, Pappband. ●●●

Wasser im Garten
Von der Vogeltränke zum Naturteich – Natürliche Lebensräume selbst gestalten. (4230) Von H. Hendel, P. Keßeler, 240 S., 247 Farbfotos, 68 Farbzeichungen, Pappband. ●●●●●

Mein kleiner Gartenteich
planen – anlegen – pflegen
(0851) Von I. Polaschek, 144 S., 85 Farbfotos, 10 Farbzeichnungen, kart. ●●

Gärtnern
(5004) Von I. Manz, 64 S., 38 Farbfotos, Pappband. ●●

Gärtner Gustavs Gartenkalender
Arbeitspläne · Pflanzenporträts · Gartenlexikon. (4155) Von G. Schoser, 120 S., 146 Farbfotos, 13 Tabellen, 203 farbige Zeichnungen, Pappband. ●●●

Ziersträucher und -bäume im Garten
(5071) Von I. Manz, 64 S., 91 Farbfotos, Pappband. ●●

Das Blumenjahr
Arbeitsplan für drinnen und draußen. (4142) Von G. Vocke, 136 S., 15 Farbtafeln, kart. ●●

Der richtige Schnitt von Obst- und Ziergehölzen, Rosen und Hecken
(0619) Von E. Zettl, 88 S., 8 Farbtafeln, 39 Zeichnungen, 21 s/w-Fotos, kart. ●

Blumenpracht im Garten
(5014) Von I. Manz, 64 S., 93 Farbfotos, Pappband. ●●

Blütenpracht in Haus und Garten
(4145) Von M. Haberer, u. a., 352 S., 1012 Farbfotos, Pappband. ●●●●

Sag's mit Blumen
Pflege und Arrangieren von Schnittblumen. (5103) Von P. Möhring, 64 S., 68 Farbfotos, 2 s/w-Abb., Pappband. ●●

Grabgestaltung
Bepflanzung und Pflege zu jeder Jahreszeit. (5120) Von N. Uhl, 64 S., 77 Farbfotos, 2 Zeichnungen, Pappband. ●●

Wintergärten
Das Erlebnis, mit der Natur zu wohnen. Planen, Bauen und Gestalten. (4256) Von LOG, ID, 136 S., 130 Farbfotos, 107 Zeichnungen, Pappband. ●●●●

Häuser in lebendigem Grün
Fassaden und Dächer mit Pflanzen gestalten. (0846) Von U. Mehl, K. Werk, 88 S., 116 Farbfotos, 4 Farb- und 17 s/w-Zeichnungen, kart. ●●

Leben im Naturgarten
Der Biogärtner und seine gesunde Umwelt. (4124) Von N. Jorek, 128 S., 68 s/w-Fotos, kart. ●●

So wird mein Garten zum Biogarten
Alles über die Umstellung auf naturgemäßen Anbau. (0706) Von I. Gabriel, 128 S., 73 Farbfotos, 54 Farbzeichnungen, kart. ●●

Gesunde Pflanzen im Biogarten
Biologische Maßnahmen bei Schädlingsbefall und Pflanzenkrankheiten. (0707) Von I. Gabriel, 128 S., 126 Farbfotos, 12 Farbzeichnungen, kart. ●●

Kosmische Einflüsse auf unsere Gartenpflanzen
Sterne beeinflussen Wachstum und Gesundheit der Pflanzen
(0708) Von I. Gabriel, 112 S., 57 Farbfotos, 43 Farbzeichnungen, kart. ●●

Der Biogarten unter Glas und Folie
Ganzjährig erfolgreich ernten. (0722) Von I. Gabriel, 128 S., 62 Farbfotos, 45 Farbzeichnungen, kart. ●●

Obst und Beeren im Biogarten
Gesunde und schmackhafte Früchte durch natürlichen Anbau. (0780)Von I. Gabriel, 128 S., 38 Farbfotos, 71 Farbzeichungen, kart. ●●

Neuanlage eines Biogartens
Planung, Bodenvorbeitung, Gestaltung. (0721) Von I. Gabriel, 128 S., 73 Farbfotos, 39 Zeichnungen, kart. ●●

Der biologische Zier- und Wohngarten
Planen, Vorbereiten, Bepflanzen und Pflegen. (0748) Von I. Gabriel, 128 S., 72 Farbfotos, 46 Farbzeichnungen, kart. ●●

Gemüse im Biogarten
Gesunde Ernte durch naturgemäßen Anbau (0830) Von I. Gabriel, 128 S., 26 Farbfotos, 86 Farbzeichnungen, kart. ●●

Erfolgreich gärtnern
durch naturgemäßen Anbau
(4252) Von I. Gabriel, 416 S., 176 Farbfotos, 212 Farbzeichnungen, Pappband. ●●●

Das Bio-Gartenjahr
Arbeitsplan für naturgemäßes Gärtnern. (4169) Von N. Jorek, 128 S., 8 Farbtafeln, 70 s/w-Abb. kart. ●●

Selbstversorgung aus dem eigenen Anbau
Reichen Erntesegen verwerten und haltbar machen. (4182) Von M. Bustorf-Hirsch, M. Hirsch, 216 S., 270 Zeichnungen, Pappband. ●●●

Mischkultur im Nutzgarten
Mit Jahreskalender und Anbauplänen. (0651) Von H. Oppel, 112 S., 8 Farbtafeln, 23 s/w-Fotos, 29 Zeichnungen, kart. ●

Erfolgreich gärtnern mit
Frühbeet und Folie
(0828) Von Dr. Gustav Schoser, 88 S., 8 Farbtafeln, 46 s/w-Fotos, kart. ●

Erfolgstips für den Gemüsegarten
Mit naturgemäßem Anbau zu höherem Ertrag. (0674) Von F. Mühl, 80 S., 30 s/w-Fotos, 4 Zeichnungen, kart. ●

Erfolgstips für den Obstgarten
Gesunde Früchte durch richtige Sortenwahl und Pflege. (0827) Von F. Mühl, 184 S., 16 Farbtafeln, 33 Zeichnungen, kart. ●●

Gemüse, Kräuter, Obst aus dem Balkongarten
– Erfolgreich ernten auf kleinstem Raum. (0694) Von S. Stein, 32 S., 34 Farbfotos, 6 Zeichnungen, Spiralbindung, kart. ●

Keime, Sprossen, Küchenkräuter
am Fenster ziehen – rund ums Jahr. (0658) Von F. und H. Jantzen, 32 S., 55 Farbfotos, Pappband. ●

Balkons in Blütenpracht
zu allen Jahreszeiten.
(5047) Von N. Uhl, 64 S., 80 Farbfotos, Pappband. ●●

Kübelpflanzen
für Balkon, Terrasse und Dachgarten. (5132) Von M. Haberer, 64 S., 70 Farbfotos, Pappband. ●●

Kletterpflanzen
Rankende Begrünung für Fassade, Balkon und Garten. (5140) Von M. Haberer, 64 S., 70 Farbabb., 2 Zeichnungen, Pappband. ●●

Mein Kräutergarten rund ums Jahr
Täglich schnittfrisch und gesund würzen. (4192) Von Prof. Dr. G. Lysek, 136 S., 15 Farbtafeln, 91 Zeichnungen, kart. ●●

Blühende Zimmerpflanzen
94 Arten mit Pflegeanleitungen. (5010) Von R. Blaich, 64 S., 107 Farbfotos, Pappband. ●●

Prof. Stelzers grüne Sprechstunde
Gesunde Zimmerpflanzen
Krankheiten erkennen und behandeln · Mit neuem Diagnosesystem. (4274) Von Prof. Dr. G. Stelzer, 192 S., 410 Farbfotos, 10 s/w-Zeichnungen, Pappband. ●●●

365 Erfolgstips für schöne Zimmerpflanzen
(0893) Von H. Jantra, 144 S., 215 Farbfotos, kart. ●●

Die hier vorgestellten Bücher, Videokassetten und Software sind in folgende Preisgruppen unterteilt:

● Preisgruppe bis DM 10,–/S 79,–
●● Preisgruppe über DM 10,– bis DM 20,– S 80,– bis S 160,–
●●● Preisgruppe über DM 20,– bis DM 30,– S 161,– bis S 240,–
●●●● Preisgruppe über DM 30,– bis DM 50,– S 241,– bis S 400,–
●●●●● Preisgruppe über DM 50,–/S 401,–
*(unverbindliche Preisempfehlung)

FALKEN VERLAG

Die Preise entsprechen dem Status beim Druck dieses

Videokassette
Pflanzenjournal
Blumen- und Pflanzenpflege im Jahreslauf. (6036/VHS) ca. 30 Min., in Farbe. ●●●●*

Blütenpracht in Grolit 2000
Der neue, mühelose Weg zu farbenprächtigen Zimmerpflanzen. (5127) Von G. Vocke, 64 S., 50 Farbfotos, Pappband. ●●

Ziergräser
Über 100 Arten erfolgreich kultivieren. (0829) Von H. Jantra, 104 S., 73 Farbfotos, 6 Farbzeichnungen, kart. ●●

Bonsai
Japanische Miniaturbäume und Miniaturlandschaften. Anzucht, Gestaltung und Pflege. (4091) Von B. Lesniewicz, 160 S., 106 Farbfotos, 46 s/w-Fotos, 115 Zeichnungen, gebunden. ●●●●●

Zimmerbäume, Palmen und andere Blattpflanzen
Standort, Pflege, Vermehrung, Schädlinge. (5111) Von G. Schoser, 96 S., 98 Farbfotos, 7 Zeichnungen, Pappband. ●●

Biologisch zimmergärtnern
Zier- und Nutzpflanzen natürlich pflegen. (4144) Von N. Jorek, 152 S., 15 Farbtafeln, 120 s/w-Fotos, Pappband. ●●

Zimmerpflanzen in Hydrokultur
Leitfaden für problemlose Blumenpflege. (0660) Von H.-A. Rotter, 32 S., 76 Farbfotos, 8 farbige Zeichnungen, Pappband. ●

Sukkulenten
Mittagsblumen, Lebende Steine, Wolfsmilchgewächse u. a. (5070) Von W. Hoffmann, 64 S., 82 Farbfotos, Pappband. ●●

Kakteen und andere Sukkulenten
300 Arten mit über 500 Farbfotos. (4116) Von G. Andersohn, 316 S., 520 Farbfotos, 193 Zeichnungen, Pappband. ●●●●

Fibel für Kakteenfreunde
(0199) Von H. Herold, 102 S., 23 Farbfotos, 37 s/w-Abb., kart. ●

Kakteen
Herkunft, Anzucht, Pflege, Arten. (5021) Von W. Hoffmann, 64 S., 70 Farbfotos, Pappband. ●●

Faszinierende Formen und Farben
Kakteen
(4211) Von K. und F. Schild, 96 S., 127 Farbfotos, Pappband. ●●●

Falken-Handbuch **Orchideen**
Lebensraum, Kultur, Anzucht und Pflege. (4231) Von G. Schoser, 144 S., 121 Farbfotos, 28 Farbzeichnungen, Pappband. ●●●

Falken-Handbuch **Katzen**
(4158) Von B. Gerber, 176 S., 294 Farb- und 88 s/w-Fotos, Pappband. ●●●●

DIE TIERSPRECHSTUNDE
Junge Katzen
(0862) Von Dr. med. vet. E. M. Bartenschlager, 72 S., 40 Farbfotos, 4 Farbzeichnungen, kart. ●

Katzen
Rassen · Haltung · Pflege. (4216) Von B. Eilert-Overbeck, 96 S., 82 Farbfotos, Pappband. ●●●

Das neue Katzenbuch
Rassen – Aufzucht – Pflege. (0427) Von B. Eilert-Overbeck, 136 S., 14 Farbfotos, 26 s/w-Fotos, kart. ●

Katzenkrankheiten
Erkennung und Behandlung. Steuerung des Sexualverhaltens. (0652) Von Dr. med. vet. R. Spangenberg, 176 S., 64 s/w-Fotos, 4 Zeichnungen, kart. ●

Falken-Handbuch **Hunde**
(4118) Von H. Bielfeld, 176 S., 222 Farb- und 73 s/w-Abb., Pappband. ●●●●

Hunde
Rassen · Erziehung · Haltung. (4209) Von H. Bielfeld, 96 S., 101 Farbfotos, Pappband. ●●●

Das neue Hundebuch
Rassen · Aufzucht · Pflege. (0009) Von W. Busack, überarbeitet von Dr. med. vet. A. H. Hacker und H. Bielfeld, 112 S., 8 Farbtafeln, 27 s/w-Fotos, 6 Zeichnungen, kart. ●

Falken-Handbuch
Der Deutsche Schäferhund
(4077) Von U. Förster, 228 S., 160 Abb., Pappband. ●●●

Der Deutsche Schäferhund
Aufzucht, Pflege und Ausbildung. (0073) Von A. Hacker, 104 S., 56 Abb., kart. ●

Dackel, Teckel, Dachshund
Aufzucht · Pflege · Ausbildung. (0508) Von M. Wein-Gysae, 112 S., 4 Farbtafeln, 43 s/w-Fotos, 2 Zeichnungen, kart. ●

Hundeausbildung
Verhalten – Gehorsam – Abrichtung. (0346) Von Prof. Dr. R. Menzel, 96 S., 18 Fotos, kart. ●

Grundausbildung für Gebrauchshunde
Schäferhund, Boxer, Rottweiler, Dobermann, Riesenschnauzer, Airedaleterrier, Hovawart und Bouvier. (0801) Von M. Schmidt und W. Koch, 104 S., 8 Farbtafeln, 51 s/w-Fotos, 5 s/w-Zeichnungen, kart. ●

Hundekrankheiten
Erkennung und Behandlung, Steuerung des Sexualverhaltens. (0570) Von Dr. med. vet. R. Spangenberg, 128 S., 68 s/w-Fotos, 10 Zeichnungen, kart. ●

Falken-Handbuch **Pferde**
(4186) Von H. Werner, 176 S., 196 Farb-und 50 s/w-Fotos, 100 Zeichnungen, Pappband. ●●●●

Wellensittiche
Arten · Haltung · Pflege · Sprechunterricht · Zucht. (5136) Von H. Bielfeld, 64 S., 59 Farbfotos, Pappband. ●●

Papageien und Sittiche
Arten · Pflege · Sprechunterricht. (0591) Von H. Bielfeld, 112 S., 8 Farbtafeln, kart. ●

DIE TIERSPRECHSTUNDE
Sittiche und kleine Papageien
(0864) Von Dr. med. vet. E. M. Bartenschlager, 88 S., 84 Farbfotos, 9 Zeichnungen, kart. ●

Geflügelhaltung als Hobby
(0749) Von M. Baumeister, H. Meyer, 184 S., 8 Farbtafeln, 47 s/w-Fotos, 15 Zeichnungen, kart. ●●

DIE TIERSPRECHSTUNDE
Alles über Igel in Natur und Garten
(0810) Von Dr. med. vet. E. M. Bartenschlager, 68 S., 51 Farbfotos, kart. ●

DIE TIERSPRECHSTUNDE
Alles über Meerschweinchen
(0809) Von Dr. med. vet. E. M. Bartenschlager, 72 S., 43 Farbfotos, 11 Farbzeichnungen, kart. ●

DIE TIERSPRECHSTUNDE
Tiere im Wassergarten
(0808) Von Dr. med. vet. E. M. Bartenschlager, 96 S., 84 Farbfotos, 7 Zeichnungen, kart. ●

Das Süßwasser-Aquarium
Einrichtung · Pflege · Fische · Pflanzen. (0153) Von H. J. Mayland, 152 S., 16 Farbtafeln, 43 s/w-Zeichnungen, kart. ●●

Falken-Handbuch
Süßwasser-Aquarium
(4191) Von H. J. Mayland, 288 S., 564 Farbfotos, 75 Zeichnungen, Pappband. ●●●●

Cichliden
Pflege, Herkunft und Nachzucht der wichtigsten Buntbarscharten. (5144) Von Jo in't Veen, 96 S., 163 Farbfotos, Pappband. ●●

Gesundheit

Die Frau als Hausärztin
Der unentbehrliche Ratgeber für die Gesundheit. (4072) Von Dr. med. A. Fischer Dückelmann, 808 S., 14 Farbtafeln, 146 s/w-Fotos, 203 Zeichnungen, Pappband. ●●●

Dr. Reitners großes Gesundheitslexikon
Mit über 5000 Stichwörtern. (4282) Von Dr. med. H.-J. Lewitzka-Reitner, in Zusammenarbeit mit P. Janknecht und U. Kannapinn, 504 S., 424 s/w-Abbildungen, Pappband. ●●

Heiltees und Kräuter für die Gesundheit
(4123) Von G. Leibold, 136 S., 15 Farbtafeln, 16 Zeichnungen, kart. ●●

Falken-Handbuch **Heilkräuter**
Modernes Lexikon der Pflanzen und Anwendungen (4076) Von G. Leibold, 392 S., 183 Farbfotos, 22 Zeichnungen, geb. ●●●●

Die farbige Kräuterfibel
Heil- und Gewürzpflanzen. (0245) Von I. Gabriel, 196 S., 49 farbige und 97 s/w-Abb., kart. ●●

Falken-Handbuch **Bio-Medizin**
Alles über die moderne Naturheilpraxis. (4136) Von G. Leibold, 552 S., 38 Farbfotos, 232 s/w-Abb., Pappband. ●●●●

Enzyme
Vitalstoffe für die Gesundheit. (0677) Von G. Leibold, 96 S., kart. ●

Heilfasten
(0713) Von G. Leibold, 108 S., kart. ●

Besser leben durch Fasten
(0841) Von G. Leibold, 100 S., kart. ●

Kneippkuren zu Hause
(0779) Von G. Leibold, 112 S., 25 Zeichnungen, kart. ●

Krebsangst und Krebs behandeln
Mit einem Vorwort von Prof. Dr. med. Friedrich Douwes. (0839) Von G. Leibold, 104 S., kart. ●

Allergien behandeln und lindern
Mit einem Vorwort von Prof. Dr. med. Axel Stemmann. (0840) Von G. Leibold, 104 S., 4 Zeichnungen, kart. ●

Die hier vorgestellten Bücher, Videokassetten und Software sind in folgende Preisgruppen unterteilt:

● Preisgruppe bis DM 10,–/S 79,–
●● Preisgruppe über DM 10,– bis DM 20,– S 80,– bis S 160,–
●●● Preisgruppe über DM 20,– bis DM 30,– S 161,– bis S 240,–
●●●● Preisgruppe über DM 30,– bis DM 50,– S 241,– bis S 400,–
●●●●● Preisgruppe über DM 50,–/S 401,–
*(unverbindliche Preisempfehlung)

FALKEN VERLAG

Rheuma behandeln und lindern
Mit einem Vorwort von Dr. med. Max-Otto-Bruker
(0836) Von G. Leibold, 104 S., kart. ●

Die echte Schroth-Kur
(0797) Von Dr. med. R. Schroth, 88 S., 2 s/w-Fotos, kart. ●

Streß bewältigen durch Entspannung
(0834) Von Dr. med. Chr. Schenk, 88 S., 29 Zeichnungen, kart. ●

Gesundheit und Spannkraft durch Yoga
(0321) Von L. Frank und U. Ebbers, 112 S., 50 s/w-Fotos, kart. ●

Yoga für jeden
(0341) Von K. Zebroff, 156 S., 135 Abb., Spiralbindung, ●●●

Yoga für Schwangere
Der Weg zur sanften Geburt. (0777) Von V. Bolesta-Hahn, 108 S., 76 zweifarbige Abb. kart. ●●

Yoga gegen Haltungsschäden und Rückenschmerzen
(0394) Von A. Raab, 104 S., 215 Abb., kart. ●

Hypnose und Autosuggestion
Methoden – Heilwirkungen – praktische Beispiele. (0483) Von G. Leibold, 120 S., 9 Illustrationen, kart. ●

Gesund durch Gedankenenergie
Heilung im gemeinsamen Kraftfeld
(6035) Nur VHS, 45 Min., in Farbe ●●●●●*

Autogenes Training
Anwendung · Heilwirkungen · Methoden. (0541) Von R. Faller, 128 S., 3 Zeichnungen, kart. ●

Die fernöstliche Fingerdrucktherapie Shiatsu
Anleitungen zur Selbsthilfe – Heilwirkungen. (0615) Von G. Leibold, 196 S., 180 Abb., kart. ●●

Eigenbehandlung durch Akupressur
Heilwirkungen – Energielehre – Meridiane. (0417) Von G. Leibold, 152 S., 78 Abb., kart. ●

Chinesische Naturheilverfahren
Selbstbehandlung mit bewährten Methoden der physikalischen Therapie. Atemtherapie · Heilgymnastik · Selbstmassage · Vorbeugen · Behandeln · Entspannen. (4247) Von F. Tjoeng Lie, 160 S., 292 zweifarbige Zeichnungen, Pappband. ●●●

Chinesisches Schattenboxen
Tai-Ji-Quan
für geistige und körperliche Harmonie
(0850) Von F. T. Lie, 120 S., 221 s/w-Fotos, 9 s/w-Zeichnungen, Beilage: 1 s/w-Poster mit zahlreichen Abbildungen, kart. ●●

Fit mit **Tai Chi**
als sanfte Körpererfahrung.
(2305) Von B. u. K. Moegling, 112 S., 121 Farbfotos, 6 Farb- u. 4 s/w-Zeichnungen, kart. ●●

Bauch, Taille und Hüfte gezielt formen durch
Aktiv-Yoga
(0709) Von K. Zebroff, 112 S., 102 Farbfotos, kart. ●●

10 Minuten täglich Tele-Gymnastik
(5102) Von B. Manz und K. Biermann, 128 S., 381 Abb., kart. ●●

Gesund und fit durch Gymnastik
(0366) Von H. Pilss-Samek, 132 S., 150 Abb., kart. ●

Stretching
Mit Dehnungsgymnastik zu Entspannung, Geschmeidigkeit und Wohlbefinden. (0717) Von H. Schulz, 80 S., 90 s/w-Fotos, kart. ●

Fit mit **Stretching**
(2304) Von B. Kurz, 96 S., 255 Farbfotos, kart. ●●

Gesund und leistungsfähig durch
Konditionsübungen, Fitneßtraining, Wirbelsäulengymnastik
(0844) Von R. Milser, K. Grafe, 104 S., 99 Farbfotos, 12 Farbzeichnungen, 5 s/w-Zeichnungen kart. ●●

Gesundheit durch altbewährte Kräuterrezepte und Hausmittel aus der
Natur-Apotheke
(4156) Von G. Leibold, 236 S., 8 Farbtafeln, 100 Zeichnungen, kart., ●●

Diät bei Krankheiten des Magens und Zwölffingerdarms
Rezeptteil von B. Zöllner. (3201) Von Prof. Dr. med. H. Kaess, 96 S., 4 Farbtafeln, kart. ●●

Diät bei Herzkrankheiten und Bluthochdruck
Salzarme (natriumarme) Kost. Rezeptteil von B. Zöllner. (3202) Von Prof. Dr. med. H. Rottka, 92 S., 4 Farbtafeln, kart. ●●

Diät bei Erkrankungen der Nieren, Harnwege und bei Dialysebehandlung
Völlig überarbeitete Neuauflage, durchgehend farbig bebildert.
Rezeptteil von B. Zöllner. (3203) Von Prof. Dr. med. Dr. h. c. H. J. Sarre und Prof. Dr. med. R. Kluthe, 96 S., 33 Farbfotos, 1 s/w-Zeichnung, kart. ●●

Richtige Ernährung wenn man älter wird
Völlig überarbeitete Neuauflage, durchgehend farbig bebildert.
Rezeptteil von B. Zöllner. (3204) Von Prof. Dr. med. H.-J. Pusch, Prof. Dr. N. Zöllner und Prof. Dr. G. Wolfram. 96 S., 36 Farbfotos und 3 s/w-Zeichnungen, kart. ●●

Diät bei Gicht und Harnsäuresteinen
Rezeptteil von B. Zöllner. (3205) Von Prof. Dr. med. N. Zöllner, 80 S., 4 Farbtafeln, kart. ●●

Diät bei Zuckerkrankheit
Rezeptteil von B. Zöllner. (3206) Von Prof. Dr. med. P. Dieterle, 80 S., 4 Farbtafeln, kart. ●●

Diät bei Krankheiten der Gallenblase, Leber und Bauchspeicheldrüse
Rezeptteil von B. Zöllner. (3207) Von Prof. Dr. med. H. Kasper, 88 S., 4 Farbtafeln, kart. ●●

Diät bei Störungen des Fettstoffwechsels und zur Vorbeugung der Arteriosklerose
Rezeptteil von B. Zöllner. (3208) Von Prof. Dr. med. G. Wolfram und Dr. med. O. Adam, 104 S., 4 Farbtafeln, kart. ●●

Diät bei Übergewicht
Völlig überarbeitete Neuauflage, durchgehend farbig bebildert.
Rezeptteil von B. Zöllner. (3209) Von Prof. Dr. med. Ch. Keller, 104 S., 38 Farbfotos, kart. ●●

Diät bei Darmkrankheiten
Durchfall – Divertikulose, Reizdarm und Darmträgheit – einheimische Sprue (Zöliakie) – Disaccharidasemangel – Dünndarmresektion – Dumping Syndrom. Rezeptteil von B. Zöllner. (3211) Von Prof. Dr. med. G. Strohmeyer, 88 S., 4 Farbtafeln, kart. ●●

Ballaststoffreiche Kost bei Funktionsstörungen des Darms
Rezeptteil von B. Zöllner. (3212) Von Prof. Dr. med. H. Kasper, 96 S., 34 Farbfotos, 1 s/w-Foto, kart. ●●

Bildatlas des menschlichen Körpers
(4177) Von G. Pogliani, V. Vannini, 112 S., 402 Farbabb., 28 s/w-Fotos, Pappband, ●●●

Fußmassage
Reflexzonentherapie am Fuß (0714) Von G. Leibold, 96 S., 38 Zeichnungen, kart. ●

Rheuma und Gicht
Krankheitsbilder, Behandlung, Therapieverfahren, Selbstbehandlung, richtige Lebensführung und Ernährung. (0712) Von Dr. J. Höder, J. Bandick, 104 S., kart. ●

Diabetes
Krankheitsbild, Therapie, Kontrollen, Schwangerschaft, Sport, Urlaub, Alltagsprobleme, Neueste Erkenntnisse der Diabetesforschung.
(0895) Von Dr. med. H. J. Krönke, 116 S., 4 Farbtafeln, 14 s/w-Fotos, 13 s/w-Zeichnungen, kart. ●

Krampfadern
Ursachen, Vorbeugung, Selbstbehandlung, Therapieverfahren. (0727) Von Dr. med. K. Steffens, 96 S., 38 Abb., kart. ●

Gallenleiden
Krankheitsbilder, Behandlung, Therapieverfahren, Selbstbehandlung, Richtige Lebensführung und Ernährung. (0673) Von Dr. med. K. Steffens, 104 S., 34 Zeichnungen, kart. ●

Asthma
Pseudokrupp, Bronchitis und Lungenemphysem. (0778) Von Prof. Dr. med. W. Schmidt, 120 S., 56 Zeichnungen, kart. ●

Fastenkuren
Wege zur gesunden Lebensführung.
Rezepte und Tips für die Nachfastenzeit.
Kurzfasten · Saftfastenkuren · Fastenschalttage · Heilfasten
(4248) Von Ha. A. Mehler, H. Keppler, 144 S., 16 s/w-Fotos, 9 Zeichnungen, Pappband. ●●●

Aus dem Schatz der Naturmedizin
Heilkräuterkuren
(4268) Von Dr. med. E. Rauch, Dr. rer. nat. P. Kruletz, 144 S., 49 Zeichnungen, kart. ●●

Vitamine und Ballaststoffe
So ermittle ich meinen täglichen Bedarf
(0746) Von Prof. Dr. M. Wagner, I. Bongartz, 96 S., 6 Farbabb., zahlreiche Tabellen, kart. ●

Darmleiden
Krankheitsbilder, Behandlung, Selbstbehandlung, Richtige Lebensführung und Ernährung. (0798) Von Dr. med. K. Steffens, 112 S., 46 Zeichnungen, kart. ●

Massage
(0750) Von B. Rumpler, K. Schutt, 112 S., 116 zweifarbige Zeichnungen, kart. ●●

Ratgeber Aids
Entstehung, Ansteckung, Krankheitsbilder, Heilungschancen, Schutzmaßnahmen.
(0803) Von B. Baartman, Vorwort von Dr. med. H. Jäger, 112 S., 8 Farbtafeln, 4 Grafiken, kart. ●●

Wenn Kinder krank werden
Medizinischer Ratgeber für Eltern.
(4240) Von Dr. med. I. J. Chasnoff, B. Nees-Delaval, 232 S., 163 Zeichnungen, Pappband. ●●●

Die hier vorgestellten Bücher, Videokassetten und Software sind in folgende Preisgruppen unterteilt:

● Preisgruppe bis DM 10,–/S 79,–
●● Preisgruppe über DM 10,– bis DM 20,– S 80,– bis S 160,–
●●● Preisgruppe über DM 20,– bis DM 30,– S 161,– bis S 240,–
●●●● Preisgruppe über DM 30,– bis DM 50,– S 241,– bis S 400,–
●●●●● Preisgruppe über DM 50,–/S 401,–
*(unverbindliche Preisempfehlung)

Die Preise entsprechen dem Status beim Druck dieses

Ratgeber Lebenshilfe

Umgangsformen heute
Die Empfehlungen des Fachausschusses für Umgangsformen. (4015) 282 S., 160 s/w-Fotos, 25 Zeichnungen, Pappband. ●●●

Der gute Ton
Ein moderner Knigge. (0063) Von I. Wolter, 168 S., 38 Zeichnungen, 53 s/w-Fotos, kart. ●

Haushaltstips von A bis Z
(0759) Von A. Eder, 80 S., 30 Zeichnungen, kart. ●

Wir heiraten
Ratgeber zur Vorbereitung und Festgestaltung der Verlobung und Hochzeit. (4188) Von C. Poensgen, 216 S., 8 s/w-Fotos, 30 s/w-Zeichnungen, 8 Farbtafeln, Pappband. ●●

Der schön gedeckte Tisch
Vom einfachen Gedeck bis zur Festtafel stimmungsvoll und perfekt arrangiert
(4246) Von H. Tapper, 112 S., 206 Farbabbildungen, 21 s/w-Abbildungen, Pappband. ●●●

Familienforschung · Ahnentafel · Wappenkunde
Wege zur eigenen Familienchronik.
(0744) Von P. Bahn, 128 S., 8 Farbtafeln, 30 Abbildungen, kart. ●●

Die Kunst der freien Rede
Ein Intensivkurs mit vielen Übungen, Beispielen und Lösungen. (4189) Von G. Hirsch, 232 S., 11 Zeichnungen, Pappband. ●●●

Reden zur Taufe, Kommunion und Konfirmation
(0751) Von G. Georg, 96 S., kart. ●

Der richtige Brief zu jedem Anlaß
Das moderne Handbuch mit 400 Musterbriefen. (4179) Von H. Kirst, 376 S., Pappband. ●●●

Von der Verlobung zur Goldenen Hochzeit
(0393) Von E. Ruge, 120 S., kart. ●

Reden zur Hochzeit
Musteransprachen für Hochzeitstage. (0654) Von G. Georg, 112 S., kart. ●

Glückwünsche, Toasts und Festreden zur Hochzeit.
(0264) Von I. Wolter, 128 S., 18 Zeichnungen, kart. ●

Hochzeits- und Bierzeitungen
Muster, Tips und Anregungen. (0288) Von H.-J. Winkler, mit vielen Text- und Gestaltungsanregungen, 116 S., 15 Abb., 1 Musterzeitung, kart. ●

Kindergedichte zur Grünen, Silbernen und Goldenen Hochzeit
(0318) Von H.-J. Winkler, 104 S., 20 Abb., kart. ●

Kindergedichte für Familienfeste
(0860) Von B. H. Bull, 96 S., 20 Zeichnungen, kart. ●

Die Silberhochzeit
Vorbereitung · Einladung · Geschenkvorschläge · Dekoration · Festablauf · Menüs · Reden · Glückwünsche. (0542) Von K. F. Merkle, 120 S., 41 Zeichnungen, kart. ●

Großes Buch der Glückwünsche
(0255) Hrsg. von O. Fuhrmann, 176 S., 77 Zeichnungen und viele Gestaltungsvorschläge, kart. ●

Neue Glückwunschfibel
für Groß und Klein. (0156) Von R. Christian-Hildebrandt, 96 S., kart. ●

Glückwunschverse für Kinder
(0277) Von B. Ulrici, 80 S., kart. ●

Die Redekunst
Rhetorik · Rednererfolg (0076) Von K. Wolter, überarbeitet von Dr. W. Tappe, 80 S., kart. ●

Reden und Ansprachen
für jeden Anlaß. (4009) Hrsg. von F. Sicker, 454 S., gebunden. ●●●●

Reden zum Jubiläum
Musteransprachen für viele Gelegenheiten (0595) Von G. Georg, 112 S., kart. ●

Reden zum Ruhestand
Musteransprachen zum Abschluß des Berufslebens (0790) Von G. Georg, 104 S., kart. ●

Reden und Sprüche zu Grundsteinlegung, Richtfest und Einzug
(0598) Von A. Bruder, G. Georg, 96 S., kart. ●

Reden zu Familienfesten
Musteransprachen für viele Gelegenheiten. (0675) Von G. Georg, 108 S., kart. ●

Reden zum Geburtstag
Musteransprachen für familiäre und offizielle Anlässe. (0773) Von G. Georg, 104 S., kart. ●

Festreden und Vereinsreden
Ansprachen für festliche Gelegenheiten. (0069) Von K. Lehnhoff, E. Ruge, 88 S., kart. ●

Reden im Verein
Musteransprachen für viele Gelegenheiten. (0703) Von G. Georg, 112 S., kart. ●

Trinksprüche
Fest- und Damenreden in Reimen. (0791) Von L. Metzner, 88 S., 14 s/w-Zeichnungen, kart. ●

Trinksprüche, Richtsprüche, Gästebuchverse
(0224) Von D. Kellermann, 80 S., kart. ●

Ins Gästebuch geschrieben
(0576) Von K. H. Trabeck, 96 S., 24 Zeichnungen, kart. ●

Poesiealbumverse
Heiteres und Besinnliches. (0578) Von A. Göttling, 112 S., 20 Zeichnungen, Pappband. ●●

Verse fürs Poesiealbum
(0241) Von I. Wolter, 96 S., 20 Abb., kart. ●

Rosen, Tulpen, Nelken . . .
Beliebte Verse fürs Poesiealbum
(0431) Von W. Pröve, 96 S., 11 Faksimile-Abb., kart. ●

Der Verseschmied
Kleiner Leitfaden für Hobbydichter. Mit Reimlexikon. (0597) Von T. Parisius, 96 S., 28 Zeichnungen, kart. ●

Moderne Korrespondenz
Handbuch für erfolgreiche Briefe. (4014) Von H. Kirst und W. Manekeller, 544 S., Pappband. ●●●●

Der neue Briefsteller
Musterbriefe für alle Gelegenheiten. (0060) Von I. Wolter-Rosendorf, 112 S., kart. ●

Geschäftliche Briefe
des Privatmanns, Handwerkers, Kaufmanns. (0041) Von A. Römer, 120 S., kart. ●

Behördenkorrespondenz
Musterbriefe – Anträge – Einsprüche. (0412) Von E. Ruge, 120 S., kart. ●

Musterbriefe
für alle Gelegenheiten. (0231) Hrsg. von O. Fuhrmann, 240 S., kart. ●

Privatbriefe
Muster für alle Gelegenheiten. (0114) Von I. Wolter-Rosendorf, 132 S., kart. ●

Briefe zu Geburt und Taufe
Glückwünsche und Danksagungen. (0802) Von H. Beitz, 96 S., 12 Zeichnungen, kart. ●

Briefe zum Geburtstag
Glückwünsche und Danksagungen (0822) Von H. Beitz, 104 S., 22 Zeichnungen, kart. ●

Briefe zur Hochzeit
Glückwünsche und Danksagungen (0852) Von R. Röngen, 96 S., 1 Zeichnung, 39 Vignetten, kart. ●

Briefe der Liebe
Anregungen für gefühlvolle und zärtliche Worte. (0903) Hrsg. von H. Beitz, 96 S., 4 Zeichnungen, kart. ●

Erfolgstips für den Schriftverkehr
Briefwechsel leicht gemacht durch einfachen Stil und klaren Ausdruck (0678) Von U. Schoenwald, 120 S., kart. ●

Worte und Briefe der Anteilnahme
(0464) Von E. Ruge, 128 S., mit vielen Abb., kart. ●

Reden in Trauerfällen
Musteransprachen für Beerdigungen und Trauerfeiern (0736) Von G. Georg, 104 S., kart. ●

Lebenslauf und Bewerbung
Beispiele für Inhalt, Form und Aufbau. (0428) Von H. Friedrich, 112 S., kart. ●

Erfolgreiche Bewerbungsbriefe und Bewerbungsformen.
(0138) Von W. Manekeller, 88 S., kart. ●

Die erfolgreiche Bewerbung
Bewerbung und Vorstellung. (0173) Von W. Manekeller, 156 S., kart. ●

Die Bewerbung
Der moderne Ratgeber für Bewerbungsbriefe, Lebenslauf und Vorstellungsgespräche. (4138) Von W. Manekeller, 264 S., Pappband. ●●

Vorstellungsgespräche
sicher und erfolgreich führen. (0636) Von H. Friedrich, 144 S., kart. ●

Keine Angst vor Einstellungstests
Ein Ratgeber für Bewerber. (0793) Von Ch. Titze, 120 S., 67 Zeichnungen, kart. ●

99 Alternativen für Umsteiger
Mehr Freude am Leben mit dem richtigen Beruf. (4251) Von D. Maxeiner, P. Birkenmeier, 192 S., 143 Fotos, 46 Zeichnungen, kart. ●●●

So werde ich erfolgreich
Ratschläge und Tips für Beruf und Privatleben. (0918) Von H. Hans, 104 S., kart. ●●

Die ersten Tage am neuen Arbeitsplatz
Ratschläge für den richtigen Umgang mit Kollegen und Vorgesetzten
(0855) Von H. Friedrich, 104 S., kart. ●

Zeugnisse im Beruf
richtig schreiben, richtig verstehen. (0544) Von H. Friedrich, 112 S., kart. ●

In Anerkennung Ihrer . . . .
Lob und Würdigung in Briefen und Reden.
(0535) Von H. Friedrich, 136 S., kart. ●

Erfolgreiche Kaufmannspraxis
Wirtschaftliche Grundlagen, Geld, Kreditwesen, Steuern, Betriebsführung, Recht, EDV. (4046) Von W. Göhler, H. Gölz, M. Heibel, Dr. D. Machenheimer, 544 S., gebunden. ●●●●

Die hier vorgestellten Bücher, Videokassetten und Software sind in folgende Preisgruppen unterteilt:

● Preisgruppe bis DM 10,–/S 79,–
●● Preisgruppe über DM 10,– bis DM 20,– S 80,– bis S 160,–
●●● Preisgruppe über DM 20,– bis DM 30,– S 161,– bis S 240,–
●●●● Preisgruppe über DM 30,– bis DM 50,– S 241,– bis S 400,–
●●●●● Preisgruppe über DM 50,–/S 401,–
*(unverbindliche Preisempfehlung)

FALKEN VERLAG

Wege zum Börsenerfolg
Aktien · Anleihen · Optionen
(4275) Von H. Krause, 252 S., 4 s/w-Fotos, 86 Zeichnungen, Pappband. ●●●

Mietrecht
Leitfaden für Mieter und Vermieter. (0479) Von J. Beuthner, 196 S., kart. ●●

Familienrecht
Ehe – Scheidung – Unterhalt. (4190) Von T. Drewes, R. Hollender, 368 S., Pappband. ●●●

Erziehungsgeld, Mutterschutz, Erziehungsurlaub
Alles über das neue Recht für Eltern. Mit den Gesetzestexten. (0835) Von J. Grönert, 144 S., kart. ●●

Scheidung und Unterhalt
nach dem neuen Eherecht. Mit dem Unterhaltsänderungsgesetz 1986.
(0403) Von Rechtsanwalt H. T. Drewes, 112 S., mit Kosten- und Unterhaltstabellen, kart. ●

Präzise Ratschläge für
Ihre optimale Rente
Vorbereitung · Berechnungsgrundlagen · Gesetzesänderungen · Individuelle Rechenbeispiele. (0806) Von K. Möcks, 96 S., 24 Formulare, 1 Graphik, kart. ●

Testament und Erbschaft
Erbfolge, Rechte und Pflichten der Erben, Erbschafts- und Schenkungssteuer, Mustertestamente. (4139) Von T. Drewes, R. Hollender, 304 S., Pappband. ●●●

Erbrecht und Testament
Mit Erläuterungen des Erbschaftssteuergesetzes von 1974. (0046) Von Dr. jur. H. Wandrey, 124 S., kart. ●

Endlich 18 und nun?
Rechte und Pflichten mit der Volljährigkeit. (0646) Von R. Rathgeber, 224 S., 27 Zeichnungen, kart. ●●

Was heißt hier minderjährig?
(0765) Von R. Rathgeber, C. Rummel, 148 S., 50 Fotos, 25 Zeichnungen, kart. ●●

Erfolgreiche Bewerbung um einen Ausbildungsplatz
(0715) Von H. Friedrich, 136 S., kart. ●

Elternsache Grundschule
(0692) Hrsg. von K. Meynersen, 324 S., kart. ●●●

Sexualberatung
(0402) Von Dr. M. Röhl, 168 S., 8 Farbtafeln, 17 Zeichnungen, Pappband. ●●

Die Kunst des Stillens
nach neuesten Erkenntnissen
(0701) Von Prof. Dr. med. E. Schmidt/ S. Brunn, 112 S., 20 Fotos und Zeichnungen, kart. ●

Wenn Sie ein Kind bekommen
(4003) Von U. Klamroth, Dr. med. H. Oster, 240 S., 86 s/w-Fotos, 30 Zeichnungen, kart. ●●●

Der moderne Ratgeber
Wir werden Eltern
Schwangerschaft · Geburt · Erziehung des Kleinkindes. (4269) Von B. Nees-Delaval, 376 S., 335 zweifarbige Abbildungen, Pappband. ●●●●

Vorbereitung auf die Geburt
Schwangerschaftsgymnastik, Atmung, Rückbildungsgymnastik. (0251) Von S. Buchholz, 112 S., 98 s/w-Fotos, kart. ●

Wie soll es heißen?
(0211) Von D. Köhr, 136 S., kart. ●

Das Babybuch
Pflege · Ernährung · Entwicklung. (0531) Von A. Burkert, 128 S., 16 Farbtafeln, 38 s/w-Fotos, 30 Zeichnungen, kart. ●●

Wenn der Mensch zum Vater wird
Ein heiter-besinnlicher Ratgeber. (4259) Von D. Zimmer, 160 S., 20 Zeichnungen, Pappband. ●●

Die neue Lebenshilfe **Biorhythmik**
Höhen und Tiefen der persönlichen Lebenskurven vorausberechnen und danach handeln. (0458) Von W. A. Appel, 157 S., 63 Zeichnungen, Pappband. ●●

Neue Erkenntnisse zum Biorhythmus
Individuelle Rhythmogramme für Berufserfolg und Gesundheit, Partnerschaft und Freizeit. Beilage: Tagesformplaner.
(4276) Von H. Bott, 144 S., 35 s/w-Zeichnungen, Pappband. ●●●

Vom Urkrümel zum Atompilz
Evolution – Ursache und Ausweg aus der Krise. (4181) Von J. Voigt, 188 S., 20 Farb- und 70 s/w-Fotos, 32 Zeichnungen, kart. ●●

Neues Denken – alte Geister
New Age unter der Lupe.
(4278) Von G. Myrell, Dr. W. Schmandt, J. Voigt, 176 S., 54 Farbfotos, 3 Zeichnungen, kart. ●●

Dinosaurier
und andere Tiere der Urzeit. (4219) Von G. Alschner, 96 S., 81 Farbzeichnungen, 4 Fotos, Pappband. ●●●

Der Sklave Calvisius
Alltag in einer römischen Provinz 150 n. Chr. (4058) Von A. Ammermann, T. Röhrig, G. Schmidt, 120 S., 99 Farbabb., 47 s/w-Abb., Pappband. ●●

ZDF · ORF · DRS
Kompaß Jugend-Lexikon
(4096) Von R. Kerler, J. Blum, 336 S., 766 Farbfotos, 39 s/w-Abb., Pappband. ●●●●

Psycho-Tests
– Erkennen Sich sich selbst. (0710) Von B. M. Nash, R. B. Monchick, 304 S., 81 Zeichnungen, kart. ●●

FALKEN-SOFTWARE
Ego-Tests
Sich und andere besser erkennen und verstehen. (7012) Diskette für IBM PC kompatible (MS DOS) mit Begleitheft. ●●●●●*

Falken-Handbuch **Astrologie**
Charakterkunde · Schicksal · Liebe und Beruf · Berechnung und Deutung von Horoskopen · Aszendenttabelle. (4068) Von B. A. Mertz, 342 S., mit 60 erläuternden Grafiken, Pappband. ●●●

Die Magie der Zahlen
So nutzen Sie die Geheimnisse der Numerologie für Ihr persönliches Glück mit dem völlig neuen Planetennumeroskop
(4242) Von B. A. Mertz, 224 S., 36 Abbildungen, Pappband. ●●●

Selbst Wahrsagen mit Karten
Die Zukunft in Liebe, Beruf und Finanzen. (0404) Von R. Koch, 112 S., 252 Abb., Pappband. ●●

Weissagen, Hellsehen, Kartenlegen . . .
Wie jeder die geheimen Kräfte ergründen und für sich nutzen kann. (4153) Von G. Haddenbach, 192 S., 40 Zeichnungen, Pappband. ●●

Frauenträume, Männerträume
und ihre Bedeutung. (4198) Von G. Senger, 272 S., mit Traumlexikon, Pappband. ●●●

Wie Sie im Schlaf das Leben meistern
Schöpferisch träumen
Der Klartraum als Lebenshilfe.
(4258) Von Prof. Dr. P. Tholey, K. Utecht, 256 S., 1 s/w-Foto, 20 Zeichnungen, Pappband. ●●●

Wahrsagen mit Tarot-Karten
(0482) Von E. J. Nigg, 112 S., 4 Farbtafeln, 52 s/w-Abb., Pappband. ●●

Aztekenhoroskop
Deutung von Liebe und Schicksal nach dem Aztekenkalender. (0543) Von C.-M. und R. Kerler, 160 S., 20 Zeichnungen, Pappband. ●

Was sagt uns das Horoskop?
Praktische Einführung in die Astrologie. (0655) Von B. A. Mertz, 176 S., 25 Zeichnungen, kart. ●

Das Super-Horoskop
Der neue Weg zur Deutung von Charaker, Liebe und Schicksal nach chinesischer und abendländischer Astrologie. (0465) Von G. Haddenbach, 175 S., kart. ●

Liebeshoroskop für die 12 Sternzeichen
Alles über Chancen, Beziehungen, Erotik, Zärtlichkeit, Leidenschaft. (0587) Von G. Haddenbach, 144 S., 11 Zeichnungen, kart. ●

Die 12 Sternzeichen
Charakter, Liebe und Schicksal. (0385) Von G. Haddenbach, 160 S., Pappband. ●●

Die 12 Tierzeichen im chinesischen Horoskop
(0423) Von G. Haddenbach, 128 S., Pappband. ●

Sternstunden
für Liebe, Glück und Geld, Berufserfolg und Gesundheit. Das ganz persönliche Mitbringsel für Widder (0621), Stier (0622), Zwillinge (0623), Krebs (0624), Löwe (0625), Jungfrau (0626), Waage (0627), Skorpion (0628), Schütze (0629), Steinbock (0630), Wassermann (0631), Fische (0632) Von L. Cancer, 62 S., durchgehend farbig, Zeichnungen, Pappband. ●

So deutet man Träume
Die Bildersprache des Unbewußten. (0444) Von G. Haddenbach, 160 S., Pappband. ●

Die Famillie im Horoskop
Glück und Harmonie gemeinsam erleben – Probleme und Gegensätze verstehen und tolerieren. (4161) Von B. A. Mertz, 296 S., 40 Zeichnungen, kart. ●●

Erkennen Sie Psyche und Charakter durch
Handdeutung
(4176) Von B. A. Mertz, 252 S., 9 s/w-Fotos, 160 Zeichnungen, Pappband. ●●●●

Falken-Handbuch **Kartenlegen**
Wahrsagen mit Tarot-, Skat-, Lenormand- und Zigeunerblättern.
(4226) Von B. A. Mertz, 288 S., 38 Farb- und 108 s/w-Abb. Pappband. ●●●●

I Ging der Liebe
Das altchinesische Orakel für Partnerschaft und Ehe. (4244) Von G. Damian-Knight, 320 S., 64 s/w-Zeichnungen, Pappband. ●●●

Bauernregeln, Bauernweisheiten, Bauernsprüche
(4243) Von G. Haddenbach, 192 S., 62 Farbabb. 9 s/w-Fotos, 144 s/w-Zeichnungen, Pappband. ●●●

Die hier vorgestellten Bücher, Videokassetten und Software sind in folgende Preisgruppen unterteilt:

● Preisgruppe bis DM 10,–/S 79,–
●● Preisgruppe über DM 10,– bis DM 20,– S 80,– bis S 160,–
●●● Preisgruppe über DM 20,– bis DM 30,– S 161,– bis S 240,–
●●●● Preisgruppe über DM 30,– bis DM 50,– S 241,– bis S 400,–
●●●●● Preisgruppe über DM 50,–/S 401,–
*(unverbindliche Preisempfehlung)

FALKEN VERLAG

Die Preise entsprechen dem Status beim Druck dieses

Neue Medien

Programm und Publikum
Der ständige Versuch einer Annäherung. Beiträge und Reden über das öffentlich-rechtliche Fernsehen. (0874) Von A. Schardt, 167 S., kart. ●●

Computer Grundwissen
Eine Einführung in Funktion und Einsatzmöglichkeiten. (4302) Von W. Bauer, 176 Seiten, 193 Farb- und 12 s/w-Fotos, 37 Computergrafiken, kart., ●●●
(4301) Pappband, ●●●●

Einführung in die Programmiersprache BASIC. (4303) Von S. Curran und R. Curnow, 192 S., 92 Zeichnungen, kart. ●●

Intelligenz in BASIC
für Schneider CPC 464/664/6128. Mit Diskette 3". (4320) Von K.-H. Koch, 160 S., 14 Zeichnungen, kart. ●●●●●

Lernen mit dem Computer. (4304)
Von S. Curran und R. Curnow, 144 S., 34 Zeichnungen, Spiralbindung. ●●

Computerspiele, Grafik und Musik
(4305) Von S. Curran und R. Curnow, 147 S., 46 Zeichnungen, Spiralbindung. ●●

dBase III
Einführung für Einsteiger und Nachschlagewerk für Profis. (4310) Von J. Brehm, G. A. Karl, 211 S., 23 Abb., kart. ●●●●●

Das Medienpaket
Buch und Programmdiskette „dBase III" zusammen (4312) ●●●●●

Garantiert BASIC lernen mit dem C 128
Mit kompletter Kurs-Diskette
(4321) Von A. Görgens, 288 S., 4 s/w-Fotos, 83 Zeichnungen, kart. ●●●●

Grundwissen Informationsverarbeitung
(4314) Von H. Schiro, 312 S., 59 s/w-Fotos, 133 s/w-Zeichnungen, Pappband. ●●●●●

Heimcomputer-Bastelkiste
Messen, Steuern, Regeln mit C 64-, Apple II-, MSX-, TANDY-, MC-, Atari- und Sinclair-Computern. (4309) Von G. A. Karl, 256 S., 160 Zeichnungen, kart. ●●●●

WORDSTAR 2000
Textverarbeitung für Einsteiger und Profis Mit erprobten Anwendungen aus der Praxis. (4317) Von D. Nasser, 200 S., 9 s/w-Fotos, 3 Zeichnungen, kart. ●●●●●

Drucker und Plotter
Text und Grafik für Ihren Computer. (4315) Von K.-H. Koch, 192 S., 12 Farbtafeln, 5 s/w-Fotos, kart. ●●●●

Computergrafik
Von den Grundlagen bis zum perfekten 3 D-Programm. (4319) Von A. Brück, 296 S., 20 Farbtafeln, 180 s/w-Grafiken, 50 s/w- Zeichnungen, 83 Listings, Pappband. ●●●●●

Textverarbeitung mit Home- und Personal-Computern
Systeme – Vergleiche – Anwendungen. (4316) Von A. Görgens, 128 S., 49 s/w-Fotos, kart. ●●●

Die tägliche PC-Praxis
Anwendungshilfen, Programme und Erweiterungen für MS-DOS-Computer
(4322) Von A. Görgens, 224 S., 25 Abbildungen, kart. ●●●●

FALKEN PC PRAXIS
Desktop Publishing
Setzen und Drucken auf dem Schreibtisch. (4323) Von A. Görgens, 120 S., 11 s/w-Fotos, 72 Zeichnungen, kart. ●●●

Maschinenschreiben
In 10 Tagen spielend gelernt. Von Unterrichtsmedien Hoppius. (7008) Diskette für den C 64 und C 128 PC ●●●●*
(Best.-Nr. Ariolasoft: 72631)
(7009) für IBM + kompatible, ●●●●●*
(Best.-Nr. Ariolasoft: 78631)
(7010) für Schneider CPC 464, 664, 6128, ●●●●●*
(Best.-Nr. Ariolasoft: 74631)

Lernhilfen

Deutsch – Ihre neue Sprache.
Grundbuch (0327) Von H.-J. Demetz und J. M. Puente, 204 S., mit über 200 Abb., kart. ●●

Maschinenschreiben für Kinder
(0274) Von H. Kaus, 48 S., farbige Abb., kart. ●

So lernt man leicht und schnell
Maschinenschreiben
Lehrbuch für Selbstunterricht und Kurse. (0560) Von J. W. Wagner, 112 S., 31 s/w-Fotos, 36 Zeichnungen, kart. ●●

Maschinenschreiben durch Selbstunterricht
(0170) Von A. Fonfara, 84 S., kart. ●

Stenografie leicht gelernt
im Kursus oder Selbstunterricht. (0266) Von H. Kaus, 64 S., kart. ●

Buchführung
leicht gefaßt. Ein Leitfaden für Handwerker und Gewerbetreibende. (0127) Von R. Pohl. 104 S., kart. ●

Buchführung leicht gemacht
Ein methodischer Grundkurs für den Selbstunterricht. (4238) Von D. Machenheimer, R. Kersten, 252 S., Pappband. ●●●

Schülerlexikon der Mathematik
Formeln, Übungen und Begriffserklärungen für die Klassen 5–10. (0430) Von R. Müller, 176 S., 96 Zeichnungen, kart. ●

Mathematik verständlich
Zahlenbereiche Mengenlehre, Algebra, Geometrie, Wahrscheinlichkeitsrechnung, Kaufmännisches Rechnen. (4135) Von R. Müller, 652 S., 10 s/w- und 109 Farbfotos, 802 farbige und 79 s/w-Zeichnungen, über 2500 Beispiele und Übungen mit Lösungen, Pappband. ●●●●●

Mathematische Formeln für Schule und Beruf
Mit Beispielen und Erklärungen. (0499) Von R. Müller, 156 S., 210 Zeichnungen, kart. ●

Rechnen aufgefrischt
für Schule und Beruf. (0100) Von H. Rausch, 144 S., kart. ●

Mehr Erfolg in der Schule
Der Deutschaufsatz
Übungen und Beispiele für die Klassen 5 – 10. (4271) Von K. Schreiner, 240 S., 4 s/w-Fotos, 51 Zeichnungen, Pappband. ●●●

Mehr Erfolg in Schule und Beruf
Besseres Deutsch
Mit Übungen und Beispielen für Rechtschreibung, Diktate, Zeichensetzung, Aufsätze, Grammatik, Literaturbetrachtung, Stil, Briefe, Fremdwörter, Reden. (4115) Von K. Schreiner, 444 S., 7 s/w-Fotos, 27 Zeichnungen, Pappband. ●●●

Richtiges Deutsch
Rechtschreibung · Zeichensetzung · Grammatik · Stilkunde. (0551) Von K. Schreiner, 128 S., 7 Zeichnungen, kart. ●

Diktate besser schreiben
Übungen zur Rechtschreibung für die Klassen 4–8. (0469) Von K. Schreiner, 152 S., 31 Zeichnungen, kart. ●

Aufsätze besser schreiben
Förderkurs für die Klassen 4–10. (0429) Von K. Schreiner, 144 S., 4 s/w-Fotos, 27 Zeichnungen, kart. ●

Deutsche Grammatik
Ein Lern- und Übungsbuch. (0704) Von K. Schreiner, 112 S., kart. ●

Besseres Englisch
Grammatik und Übungen für die Klassen 5 bis 10. (0745) Von E. Henrichs, 144 S., ●●

The Grammar Master
Englische Grammatik üben und beherrschen. (7002) Von Data Beutner. Diskette für den C 64, C 128 (im 64er Modus) ●●●●*

Richtige Zeichensetzung
durch neue, vereinfachte Regeln. Erläuterungen der Zweifelsfragen anhand vieler Beispiele. (0774) Von Prof. Dr. Ch. Stetter, 160 S., kart. ●

Richtige Groß- und Kleinschreibung
durch neue, vereinfachte Regeln. Erläuterungen der Zweifelsfragen anhand vieler Beispiele. (0897) Von Prof. Dr. Ch. Stetter, 96 S., kart. ●

Die hier vorgestellten Bücher, Videokassetten und Software sind in folgende Preisgruppen unterteilt:

● Preisgruppe bis DM 10,–/S 79,–
●● Preisgruppe über DM 10,– bis DM 20,– S 80,– bis S 160,–
●●● Preisgruppe über DM 20,– bis DM 30,– S 161,– bis S 240,–
●●●● Preisgruppe über DM 30,– bis DM 50,– S 241,– bis S 400,–
●●●●● Preisgruppe über DM 50,–/S 401,–
*(unverbindliche Preisempfehlung)

FALKEN VERLAG

BIBLIOTHECA ÆSTHETICA

Carmina Burana

Ein bibliophiles Dokument von einzigartiger kulturgeschichtlicher Bedeutung.

(492) Von Ingrid Schade, 128 Seiten, Faksimile-Druck, Leinen-Einband mit Prägung, im Schuber, mit 24seitiger Beilage, numerierte und handsignierte Auflage von 999 Exemplaren,
DM 498,– S 3980.–

Bestellschein

Erfüllungsort und Gerichtsstand für Vollkaufleute ist der jeweilige Sitz der Lieferfirma. Für alle übrigen Kunden gilt dieser Gerichtsstand für das Mahnverfahren. Falls durch besondere Umstände Preisänderungen notwendig werden, erfolgt Auftragserledigung zu dem bei der Lieferung gültigen Preis.
Ich bestelle hiermit aus dem Falken-Verlag GmbH, Postfach 11 20, D-6272 Niedernhausen/Ts., durch die Buchhandlung:

Ex. ____________________

Ex. ____________________

Ex. ____________________

Ex. ____________________

Name: ____________________

Straße: ____________________ Ort: ____________________

Datum: ____________________ Unterschrift: ____________________

FALKEN VERLAG

 Für die Schweiz: sFr.-Preise gemäß Preisauszeichnung in der Buchhandlung